# RÉFLEXIONS

# ANTIDÉMOCRATIQUES.

Paris,

DENTU, LIBRAIRE,

Palais-Royal, galerie d'Orléans, 13.

—

1841.

# RÉFLEXIONS

SUR LES

# GOUVERNEMENTS

## CONSTITUTIONNELS ET AUTRES.

# RÉFLEXIONS

SUR LES

# GOUVERNEMENTS

## CONSTITUTIONNELS

## ET AUTRES.

Paris,

DENTU, LIBRAIRE,

Palais-Royal, galerie d'Orléans, 13.

1841.

# RÉFLEXIONS

SUR LES

# GOUVERNEMENTS

## CONSTITUTIONNELS ET AUTRES.

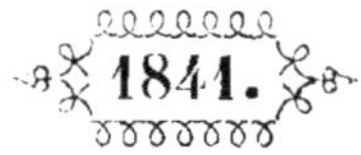


## CHAPITRE Ier.

### Introduction, Motifs et Excuses des présentes Réflexions.

On va sans doute condamner, au premier abord, des réflexions politiques écrites au milieu de cette satiété générale ou de ce dégoût universel qu'a produit parmi nous l'abus de tant de vaines et interminables discussions gouvernementales; mais s'il s'agissait ici, dans une œuvre sérieuse et suivie, de s'élever à des considérations tout à fait générales, s'il était question d'envisager l'ensemble des révolutions ou des grands événements accomplis de nos jours pour en faire sortir d'importantes leçons, notre sujet ou le but de nos investigations étant ainsi agrandi, et surtout étant placé en dehors de ces détails isolés et secondaires, de cette stérile polémique ou de ces déplorables querelles de parti, peut-être qu'alors les penseurs et les esprits méditatifs auxquels nous nous adressons principalement voudraient-ils bien s'associer à nos recherches.

La France, par ses innovations et agitations incessantes, ayant, pour ainsi dire, ouvert depuis 1789, au profit du monde entier, une école expérimentale dans l'art difficile de régir les sociétés, ou plutôt ayant révélé souvent, au prix d'immenses sacrifices, les grands dangers attachés aux réformes sociales, et particulièrement au renversement subit des premiers pouvoirs de l'Etat, quelqu'imparfaits d'ailleurs qu'ils puissent être, il appartient aux témoins oculaires surtout de toutes ces tentatives multipliées, de tant d'illusions théoriques suivies de tant de mécomptes pratiques, de ne pas laisser perdre, s'il est possible, pour l'histoire et pour la postérité, les réflexions et instructions qu'a dû naturellement fournir un tel spectacle.

Quel enseignement, en effet, pour les peuples et les rois qu'une puissante nation placée à la tête de la civilisation, qui, dans un moment d'enthousiasme, renverse, pour ainsi dire, toutes ses anciennes institutions, renonce à ses croyances, à sa hiérarchie sociale, ou secoue à la fois tous ces jougs plus ou moins nécessaires à l'existence d'une société quelconque, qui expie presque aussitôt cette inconcevable précipitation dans les horreurs de l'anarchie, se réfugie alors sous le despotisme militaire, s'enivre de gloire, puis après de longs triomphes et de grands revers, revient au régime représentatif, s'en passionne de nouveau, puis, de discussions en discussions, d'exigences en exigences, ou de collisions en collisions, arrive à une dernière révolution, change encore une fois avec la dynastie régnante, la constitution même pour laquelle elle s'était soulevée, sans jamais, bien entendu, au travers de tant de vicissitudes et commotions, retrouver ce bonheur, cette stabilité ou cette perfection gouvernementale qu'elle s'était promise.

Que penser déjà, d'après ce peu de mots, de ces mille théories ou projets de réforme qu'enfantent sans cesse nos libertés de tribune et de presse, de ces mille recettes infaillibles de paix et de félicité publique que ne cessent de nous prodiguer nos écrivains et nos discoureurs de tous genres, si ce n'est que les questions sociales, embrassant, comme on sait, nos intérêts et passions diverses, ou fondées sur des données incertaines, variables et arbitraires de leur nature, étant comme une fois livrées à une discussion générale, ou étant comme enlevées aux hommes d'état (placés assez haut pour bien apercevoir la nécessité des grands principes d'ordre, et savoir, au besoin, leur sacrifier de petits intérêts ou des considérations secondaires et exceptionnelles), n'engendreront à la longue que disputes vaines, suivies d'irritation, d'anarchie morale, et peut-être plus tard de luttes sanglantes, lorsque des guerres, des disettes, des contagions, des soulèvements et autres circonstances imprévues, mettant les armes à la main aux partis en présence, leur permettront ainsi de se combattre autrement qu'avec des paroles et des écrits.

Au reste, sans chercher pour le moment à développer ces pensées, sans citer, par exemple, à l'appui de ce qui précède, les constitutions de 1791, 1793, 1795, 1799, et autres combinaisons d'autorité exécutive, de responsabilité ministérielle, et de représentation nationale, ou sans citer toutes ces divisions ou prétendus équilibres de pouvoir qui, suivant leurs auteurs, devaient nous apporter pour toujours sécurité et bonheur parfait, ou nous défendre à jamais du despotisme et de l'anarchie, et qui ensuite, à la moindre collision, à la moindre secousse, se sont trouvés emportés par les passions qu'ils devaient contenir ; avant, dit-on, de revenir sur ces chimères et illusions humaines, entrons dans quelques explications personnelles, ou répondons d'avance aux reproches qu'on pourrait peut-être adresser au présent livre.

Si la science sociale, dira-t-on peut-être, si les débats politiques transportés chez les masses, ne peuvent, d'après nous, produire que chaos ou confusion, si la haute direction des affaires de l'Etat exige impérieusement, en outre de ces lumières qu'on dit si répandues, des habitudes gouvernementales et ces positions élevées avant tout intéressées aux grands principes d'ordre, au respect de la propriété, aux croyances et traditions conservatrices, au maintien enfin d'une certaine hiérarchie sociale, et surtout d'un pouvoir central héréditaire, pierre angulaire sans laquelle l'édifice social avec la civilisation actuelle ne pourra jamais se soutenir ; si, en un mot, les gouvernements comme les religions sont d'autant plus bienfaisants qu'on les discute moins ou qu'on s'y soumet avec une confiance plus entière, pourquoi alors adresser des réflexions au public déclaré si incompétent dans les questions dont il s'agit, et pourquoi, dans une science annoncée comme incertaine et illusoire, chercher (avec des écrits vains par conséquent ou avec des raisonnements peut-être aussi erronés que les opinions qu'on veut combattre) à ébranler cette foi ou ce respect si nécessaire à tout pouvoir établi, en choquant ainsi les intérêts ou en inquiétant les existences qui se trouvent liées à ce dernier.

A ces objections et autres on répondra qu'on vient ici, non pas pour augmenter, mais bien pour modérer, s'il est possible, la confusion et l'abus des discussions politiques. Une incessante et malheureuse polémique gouvernementale ayant été portée sans nous et malgré nous chez les masses, on ne peut donc pas nous blâmer aujourd'hui si à notre tour nous sommes obligés de nous adresser à ces dernières pour signaler la fausse et dangereuse voie où toute la société se trouve jetée; que puisque les gouvernements constitutionnels, par des motifs inhérents à leur origine (et particulièrement à cause de cette liberté de penser et d'écrire *pour laquelle* et par *laquelle* ils ont été principalement établis), sont livrés aux attaques journalières de toutes les ambitions, jalousies ou inimitiés possibles, il faut bien alors, si on veut que le mal de la publicité se répare par la publicité, que les anarchistes puissent trouver des contradicteurs, et qu'en outre, le fait en lui-même de cette discussion illimitée ou de cette vaste arène ouverte constamment et indistinctement à toutes les passions anti-sociales, puisse être blâmé par qui le trouvera blâmable. Dans cette espèce de critique de ce système de critiques indéfinies, où la société s'est lancée très à tort suivant nous, dans ce procès intenté à tout ce qui, usant ou abusant des droits ou des libertés constitutionnelles, règne ou domine dans ce moment, grâces aux élections, au journalisme ou autres moyens; dans cette guerre, dit-on, déclarée aux puissances, sans contredit, les plus redoutables et les plus redoutées de l'époque, au moins doit-on espérer de ne pas être condamné par ceux mêmes pour qui on se dévoue ou pour qui l'on croit se dévouer, c'est-à-dire par tous les gouvernants d'abord qui désirent consciencieusement remplir leur mission de paix et de félicité publique, puis par tout ce qui, ne voulant pas ou ne pouvant pas exploiter les intrigues, les influences ou les agitations constitutionnelles, ne demandera qu'à jouir tranquillement de sa propriété, de son travail ou de son industrie privée, sous une autorité conservatrice et tutélaire, et par suite, la moins disputée possible. Maintenant, si, contre toute attente ou toute raison, nos réflexions semblaient fournir des prétextes ou prêter des armes aux ennemis de l'ordre établi, en empêchant de plus en plus la consolidation du gouvernement, dans ce cas nous en conclurions qu'on ne doit plus repousser des attaques quelconques, et que, par exemple, tout réquisitoire dans un délit politique ou de presse devrait être interdit, puisqu'il serait impossible de réfuter ou d'incriminer des doctrines coupables sans reproduire ces dernières, et puisqu'en un mot le magistrat accusateur sera forcé de se livrer publiquement à ces commentaires, comparaisons ou discussions auxquels le régime établi ne serait pas assez fort pour résister.

En définitif, puisque le gouvernement représentatif a été livré à la critique même de tout mécontent ou ambitieux qui croit avoir à se plaindre, qui veut parvenir, se venger, se faire craindre et acheter, ou qui est mu par des motifs moins excusables encore, des vérités adressées indistinctement et hardiment à tous les partis, une discussion purement philosophique comme celle que nous nous proposons, au lieu d'ajouter au mal ou au danger présent, ne sera-t-elle pas au contraire ce correctif salutaire ou ce remède que la liberté de la presse, comparée à la lance d'Achille, est quelquefois censée appliquer sur les blessures qu'elle a faites.

Au reste, en supposant que par sa faiblesse, par son défaut d'unité, que par la désunion ou la rivalité de ses différents pouvoirs en présence, le système représentatif ne pût réellement pas soutenir au grand jour un examen un peu impartial, général et approfondi; comme, à plus forte raison, il ne résistera pas alors aux attaques bien autrement violentes et dangereuses, qu'il continuera à recevoir sans nous et malgré nous des minorités ou oppositions plus ou moins hostiles, il faudrait donc, plus tôt que plus tard, songer à renverser ainsi sans danger un édifice chancelant, qui, sans cette sage précaution, pourrait, par sa chute inopinée et inévitable, nous écraser sous des immenses ruines.

Sans doute ce sera beaucoup, ce sera peut-être trop que de proposer, même à la nation la plus civilisée du monde, une révolution sans secousse, qui consisterait à passer, sans nuire aux existences ou intérêts du moment, d'une organisation sociale vicieuse, à une autre qui le serait moins, et qui, par suite, devra et pourra, aux avantages présents de chacun, en ajouter d'autres sans rien changer au rapport des influences ou des fortunes établies; mais au moins qu'il soit permis d'espérer ou de tenter cette réforme pacifique et rationnelle à la place de toutes ces brusques et désastreuses perturbations, de toutes ces violentes convulsions qui, jusqu'à présent, ont si malheureusement accompagné même les améliorations politiques les plus incontestées.

Avant de quitter un pareil sujet, on ne peut pas oublier que Montesquieu et autres philosophes ont librement discuté et comparé les diverses espèces de gouvernements sous des monarchies tempérées ou absolues; ainsi donc, quand un pouvoir est né de la discussion ou de ce qu'on a appelé emphatiquement l'affranchissement de la pensée, quand il vit de discussion, qu'il a pour essence, pour cause et effet la liberté de la presse, celle de la tribune, le droit de pétition et autres, il faut bien alors qu'il accepte la conséquence de son origine et de sa nature, et qu'après avoir proclamé une liberté d'examen presque illimitée sur toutes les questions sociales, il souffre ensuite la contradiction sur une détermination aussi éminemment censurable que celle dont il s'agit.

La discussion est permise, a-t-on dit quelquefois,

pourvu qu'on ne touche pas aux principes mêmes des constitutions ; mais alors comment tracer, on le demande, cette ligne de démarcation qui doit séparer ce qui est ou ce qui n'est pas principe, ce qui pourra ou ne pourra pas être examiné ? Par exemple, cette extension de droits électoraux, ce suffrage universel, ou, en d'autres termes, le transport de tout le pouvoir public chez la partie la moins aisée et la moins éclairée de la nation, qui est réclamé impunément par des journaux de toutes les couleurs et même par des législateurs, n'est-il pas un vœu indirect et détourné de destruction et de révolution beaucoup plus redoutable, ou une attaque à l'ordre établi, beaucoup plus dangereuse qu'un simple doute émis directement avec franchise et bonne foi sur l'influence trop grande ou trop petite, accordée mal à propos ou inconstitutionnellement, suivant nous, à telle ou telle branche de la souveraineté nationale, sur la valeur de telles ou telles prétentions, sur la nécessité de rétablir, de fortifier ou de restituer à notre régime représentatif ce que les partis et les passions n'avaient pas le droit de lui enlever ?

Notre gouvernement, comme on l'a dit souvent, n'étant qu'un amalgame ou qu'un mélange de monarchie, aristocratie ou démocratie, sera-t-on donc coupable d'inconstitutionnalité, si, à défaut d'instructions précises ou d'explications qui n'ont jamais été données, on vient à se tromper de bonne foi sur la part d'influence ou de pouvoir à donner à chacun des principes ci-dessus également reconnus ou consacrés dans la loi fondamentale ? si, par exemple, entre autres contradictions, on ne conçoit pas qu'un ministère d'abord laissé au choix du roi, réponde ensuite de ses tendances politiques vis-à-vis des chambres ? si enfin, dans ce cas, on se trouve parfois réduit à l'absurde ?

En résumé, puisque la liberté de penser et d'écrire,

conséquence de notre régime représentatif, s'opposera toujours à ce qu'un respect désirable ou à ce qu'un silence plus ou moins religieux puisse être observé sur ce dernier, il faut donc, plus tôt que plus tard, ne pas laisser les pamphlétaires ou journalistes passionnés discuter seuls un objet d'une aussi grande importance, si on veut que nos institutions soient enfin examinées et appréciées dans leur ensemble ou suivant leur mérite intrinsèque, et non louées ou critiquées sans justice et sans mesure sur des points isolés, et selon les événements ou les intérêts du jour.

Si maintenant (ce qui malheureusement n'est que trop commun) on est blâmé du bien qu'on veut faire ou des vérités qu'on veut rétablir à ses périls et risques, si enfin on nous attaquait, parce qu'au lieu d'un pouvoir divisé, déconsidéré et précaire, nous voudrions, au contraire, une royauté d'autant plus bienfaisante qu'elle sera plus forte et plus respectée, des autorités secondaires d'autant plus efficaces, plus expérimentées, plus identifiées ou intéressées à l'ordre qu'elles seront plus permanentes ou plus moins exposées aux intrigues et vicissitudes électorales; dans cette supposition plus ou moins impossible, dit-on, nous serions alors obligés, à notre très-grand regret, de répondre que puisque nos détracteurs constitutionnels, ces aristocrates du jour, ces favoris ou ces exploitants d'un nouvel ordre de choses d'autant plus beau et plus parfait à leurs yeux, qu'ils en retirent ou plutôt qu'ils espèrent en retirer de plus grands avantages matériels ou immatériels; puisque, disons-nous, ces journalistes, écrivains, discoureurs, fournisseurs, notabilités électorales ou parlementaires, qui participent directement ou indirectement sous des titres quelconques à la marche du gouvernement, plutôt que de renoncer à ces agitations, à ces libertés de presse et de tribune, ou à cette anarchie incessante dont ils attendent honneur, influence et fortune, souffrent que les premiers principes d'ordre, que la monarchie, que les lois, la morale, les maximes et les croyances les plus chères et les plus salutaires à l'homme, tout ce qu'il y a enfin de plus indispensable et de plus sacré dans la société soit continuellement remis en question ou foulé aux pieds; puisque, pour citer des exemples, le saint-simonisme a pu attaquer, avec toutes les institutions présentes, la propriété, les liens de famille, ceux du mariage et autres; puisque chacun a pu rêver des religions à sa guise, prêcher et organiser de nouveaux systèmes gouvernementaux fort différents de ceux établis; puisqu'on a vu les législateurs eux-mêmes, et le souverain, collectif et permanent, appelé collége électoral, se coaliser monstrueusement au nom et au profit des passions et des ambitions particulières, et au risque de renverser la royauté; ce serait donc de la dernière inconséquence et injustice de trouver seul coupable ou seul répréhensible, au milieu de ce débordement général et impuni d'opinions subversives, l'homme paisible qui, voulant jouir de son travail et de son industrie, sans se mêler aux intrigues électorales, aux querelles de parti, aux injures et calomnies des journaux, fera des vœux pour un état social plus calme, plus digne, plus moral au dedans, plus respecté au dehors, et dans tous les cas, plus rassurant pour l'avenir.

En effet, permettre ainsi de tout critiquer, censurer ou mépriser, pour ensuite ne se raviser, ne se montrer sévère, ou ne crier à l'inconstitutionnalité, que lorsqu'au nom et dans l'intérêt des gouvernés, ou de l'incontestable majorité nationale, on demandera enfin un terme à tant de licences et de scandale; ne serait-ce pas alors annoncer très-clairement que ce n'est point la paix, la tranquillité et le bonheur de ses gouvernés qu'on a en vue dans cette occasion, mais bien un désordre permanent, une agitation suffisante, il est vrai, pour rendre nécessaires de grandes dépenses publiques, et surtout pour maintenir, dans leurs avantages ou positions acquises, le journalisme et autres influences gouvernementales, mais pas assez forte cependant pour amener la ruine ou la destruction totale de cette bonne nation bien payante, et qui devient ici une vraie poule aux œufs d'or pour ceux de ses membres les plus actifs, les plus remuants ou les plus ambitieux, qui se feront les défenseurs zélés et officieux de ses droits constitutionnels, de sa prétendue souveraineté populaire, ou autres abstractions et absurdités analogues.

Ne pourrait-on pas, dans ce cas, comparer tous ces meneurs ou toutes ces influences gouvernementales, si chatouilleuses à l'endroit de la constitutionnalité, à des empyriques qui, chargés de soigner la France, veulent, dans un intérêt positivement calculé ou vaguement aperçu, non pas tuer tout à fait leur malade, mais bien lui perpétuer des infirmités ou commotions, dont ils continueront ainsi à tirer très-bon parti.

Le système constitutionnel (penseront peut-être ces mêmes empyriques) étant comme l'exploitation réalisée ou régularisée de la partie la plus patiente et la plus tranquille de la nation, par celle qui l'est le moins, et qui, à la suite de la suppression des droits et préjugés de naissance, des traditions hiérarchiques, religieuses et autres, gouvernera au nom de la capacité, en formant alors une nouvelle aristocratie de parleurs et d'écrivains, non plus moraux, non moins insatiables peut-être que les courtisans renversés de l'ancien régime; il arrivera donc que ce gouvernement, plus qu'aucun autre, pourra lever des impôts, et abuser de son pouvoir, puisque tout ce qui dans la nation sera susceptible de réclamer ou de crier très-haut, finira par puiser à son budget, ou par faire partie des exploitants, en ne laissant ainsi chez la majorité exploitée, que les hommes les plus pacifiques et les plus endurants, qui ne vaudront pas la peine d'être gagnés; mais ce raisonnement n'étant vrai qu'en partie, l'aristocratie de parleurs, d'écrivains ou de bourgeois en question, ayant toujours des mesures à garder vis-à-vis les gouvernés, même après avoir attiré à elle ou s'être associé les réclamants les plus redoutés; d'ailleurs, cette même aristocratie ou classe gouvernante, étant essentiellement indisciplinée de sa nature, et par suite plus ou moins faible, étant passionnée, se divisant pour le partage des faveurs sociales, souvent ses membres, après avoir été opposants, subversifs ou révolutionnaires pour s'élever, ne pouvant plus ensuite se présenter comme des hommes d'ordre, ni aux grands propriétaires qu'ils auront supplantés, ni aux classes inférieures qu'ils ne voudront pas associer à leur pouvoir, on doit donc penser par tous ces motifs, et bien d'autres encore, qu'il sera permis, même sous ces gouvernants qui se disent les plus libéraux possibles, de réclamer humblement, en faveur de la majorité gouvernée, contre les agitations électorales ou contre les libertés de la presse et de la tribune, alors même que ces dernières, paraissant, à tort ou à raison, nécessaires à la position personnelle des hommes du pouvoir, deviendraient par suite, au dire de ceux-ci, une espèce d'arche sainte, qu'il faut respecter sous peine des plus grands malheurs.

## CHAPITRE 2.

### Illusions, Erreurs et Violations des Principes commises en 1789.

C'EST à l'histoire à rechercher et à raconter comment les passions et les fautes des rois ou des gouvernements quelconques, jointes aux impatiences, inquiétudes, préventions, erreurs, besoins ou misères des peuples ; comment enfin les faiblesses ou imperfections de la nature humaine, malheureusement communes et aux gouvernants et aux gouvernés, ont, à diverses reprises, renversé ou déplacé les pouvoirs établis, en les modifiant alors suivant les vœux ou les intérêts des partis vainqueurs dans le sens monarchique, aristocratique ou démocratique.

Sans doute, l'Angleterre, après beaucoup de troubles et de commotions, après de nombreuses guerres de succession, de religion, et autres, a fini par se calmer jusqu'à un certain point, par se consolider et prospérer sous une monarchie constitutionnelle, c'est-à-dire, sous le triple pouvoir d'un roi héréditaire et de deux chambres dominées par la même pensée, ou ne représentant en définitif, surtout avant des réformes récentes, que l'aristocratie du pays, ou que les anciens privilégiés : mais avant de transporter une telle forme de gouvernement sur le continent, il y avait d'importantes remarques à faire.

D'abord, le système anglais s'est établi avec et par les grands, c'est-à-dire, avec une noblesse puissante et fortement enracinée dans le pays, avec des sentiments religieux, avec des rangs, des préséances et des droits de naissance parfaitement observés et respectés, avec des mœurs et des habitudes hiérarchiques, qui pouvaient ainsi, jusqu'à un certain point, suppléer à l'affaiblissement d'un pouvoir central divisé et livré aux discussions de la tribune législative et de la presse. D'ailleurs, cette association d'aristocratie et de royauté était motivée par la nécessité de prévenir ces luttes de familles princières, ces continuelles querelles de prétendants au trône, entremêlées de fanatisme, plus communes peut-être en Angleterre qu'ailleurs. Puis il fallait, pour le roi comme pour les aristocrates du pays, conserver des avantages et des priviléges particuliers, qui remontaient à l'époque de la conquête; vainqueurs, il fallait se liguer fortement pour résister aux vaincus, et pour ne pas se laisser trop tôt arracher des concessions ou émancipations de plus en plus imminentes. De là, chez la noblesse, ce culte de la royauté ou ce respect pour le monarque, dont elle donne dans ce moment le premier exemple ; et de là aussi, de la part du souverain, une adhésion à l'aristocratie, un consentement tacite et sans doute sincère, à un partage de pouvoirs justifié par tant de raisons; de là enfin, une aristocratie hiérarchisée, disciplinée sous un chef nominal ou réel, assez forte, assez unie pour avoir pu même changer sa dernière dynastie sans grandes secousses, et poursuivant un but gouvernemental avec un certain accord, malgré les passions, irritations ou animosités qui tendront toujours à diviser des assemblées ou des nombreux gouvernants en présence.

Ce n'est pas tout, l'Angleterre est une île peu exposée aux invasions et aux contacts extérieurs, et qui, par ces motifs réunis à d'autres, montrera beaucoup d'esprit public ou d'orgueil national. Avec une classe éclairée, et même peu nombreuse de propriétaires intérieurs ou d'industriels en grande partie créanciers de l'État, et par conséquent éminemment intéressés au maintien de l'ordre établi, cette nation n'a donc guère besoin que de flottes, que d'armées de mer, lesquelles, à cause de leur isolement des factions ou des intrigues, pourront toujours être entretenues dans des habitudes d'obéissance passive et de parfaite discipline, de manière à pouvoir au besoin comprimer les mouvements populaires.

Les richesses, l'industrie et l'immense commerce de cette île, peut-être dus moins à son système représentatif qu'à un certain concours de circonstances, qu'à sa position géographique, au génie de ses habitants, à la politique habile de ses gouvernants ou de son aristocratie (toujours prête d'ailleurs à recevoir dans ses rangs tout ce qui s'élève autour d'elle), opposeront ainsi constamment des éléments de stabilité, une forte coalition d'intérêts matériels, d'idées positives ou pratiques, soit au soulèvement des classes ouvrières, soit à la propagation des systèmes ou théories par trop philanthropiques ou libérales.

Au reste, avec une immense marine, des facilités de transport ou des relations établies sur tous les points du globe, avec des expéditions et des guerres lointaines, avec une compagnie qui, aux Indes, tient en esclavage d'aussi vastes contrées, ne peut-on pas alors très-facilement donner issue au dehors à toutes ces inquiétudes ou irritations du dedans, fournir chez l'étranger enfin des aliments à la trop grande activité des esprits, et y trouver des correctifs aux mauvaises tendances, des occupations, des emplois, des distractions et de l'instruction pour la partie la plus turbulente et la plus dangereuse de la nation?

Au lieu, disons-nous, de peser, en 1789, ces différences et autres qui distinguaient à un si haut degré l'Angleterre de la France et des nations continentales, où il était question d'importer le gouvernement constitutionnel, que fit-on?

A la suite des utopies, des déclamations, ou des rêves philanthropiques de ce qu'on appelle la philosophie du XVIIIe siècle, à la suite surtout de cette fameuse souveraineté du peuple qu'on reconnaît d'abord solennellement, puis qui est déclarée ne pouvoir s'exercer que par délégation, et qu'à la fin on supprime tout à fait, en lui désignant ses organes, c'est-à-dire, la classe électorale d'où devait sortir en définitif la législature ou l'omnipotence sociale, on proclama des droits ou des grands principes politiques et moraux, comme s'il était besoin d'avertir un bon gouvernement de bien faire, et comme s'il était possible d'empêcher une souveraineté mauvaise d'éluder ou de mépriser (et sous mille prétextes si faciles à concevoir pour quiconque connaît un peu les hommes et les choses) toutes les règles de conduite qu'on voudrait imposer à sa suprême puissance.

Que signifient, en effet, ces beaux préceptes de liberté et d'égalité, par exemple, la recommandation de juger chacun suivant son droit, de l'imposer suivant ses facultés, ou de l'admettre aux emplois suivant son aptitude, si ces mots abstraits, vagues, incohérents ou élastiques, sont susceptibles de tous les sens qu'on voudra leur donner; si enfin, l'appréciation toujours très-arbitraire du droit et de la capacité, est confiée à une autorité supérieure qui ne voudra pas les reconnaître, qui ne les verra infailliblement que chez ses partisans ou amis, et qui n'aura personne au-dessus d'elle pour empêcher ses décisions, et réformer ses choix erronés.

Sans aller plus loin, ne sait-on pas que, sous le régime très-absolu de Napoléon, le principe de l'admission aux emplois, suivant l'aptitude réelle, a été mieux observé qu'il ne le sera jamais sous toutes les constitutions, ou avec toutes les déclarations de droit du monde?

La liberté individuelle, celle des religions, des opinions et des écrits, l'inviolabilité des propriétés, sont assurées, sauf les restrictions apportées par la loi; c'était donc employer, dans ce cas, la condition potestative, ou c'était dire évidemment que, sur toutes ces choses, la législature, ainsi que le pouvoir exécutif qui lui est subordonné, feraient ce que bon leur semblerait, puisque la fixation des peines leur appartenait, et que la répression dans leurs mains pouvait même devenir prévention par un excès de sévérité qui ne dépendait que d'eux.

Au reste, pour peu que le respect des personnes, que l'inviolabilité des propriétés, comme celle du roi, existassent dans les mœurs, n'était-ce pas alors les compromettre ou les remettre en question, pour ainsi dire, en les recommandant sur un vain papier? Telles sont cependant les fastueuses annonces ou les pompeuses niaiseries avec lesquelles on séduit la multitude; telles sont les vaines et brillantes promesses, ou plutôt les appâts trompeurs, ou les piéges cachés, avec lesquels on la lance dans la carrière périlleuse des révolutions ou des réformes, dont elle ignore l'étendue et les difficultés; telles sont enfin les phrases avec lesquelles, en employant ici une figure connue, des imprudents et coupables novateurs *sèment du vent pour recueillir des tempêtes*.

La classe moyenne, en 1789, ayant acquis, par le travail, l'industrie et l'effet de diverses circonstances, des richesses et de l'influence, elle pouvait donc, avec une certaine justice, réclamer une part des avantages attachés au gouvernement dont elle supportait les plus fortes charges. Le moment était donc venu, depuis quelque temps, pour la noblesse et le clergé (qui, à la longue, et comme toujours, avaient pu abuser de leurs priviléges ou avantages sociaux), de faire des concessions, de se fortifier par une habile adjonction des capacités ou notabilités nouvelles.

En définitif, dans cet état de choses, il fallait plus que jamais se réunir contre le danger commun, resserrer les liens sociaux trop relâchés, revenir aux principes sévères de morale, de justice et de religion, trop oubliés, et avant tout, maintenir au pouvoir régnant la force qui lui était si indispensable, pour dominer le mouvement qui se préparait, pour modérer la réforme, ou régulariser la nouvelle répartition de l'autorité publique. Loin de là, au contraire, tout le monde à l'envi semble travailler à la désorganisation générale; l'esprit d'innovation gagne tous les rangs; on réunit des assemblées ou des prétendues représentations nationales, comme pour donner plus d'aliment au vaste incendie qui se préparait, et pour détruire la centralisation ou l'unité gouvernementale, précisément à l'instant où elle était le plus nécessaire.

Au lieu de laisser l'autorité préexistante (le roi d'ailleurs le plus libéral qui fut jamais), laquelle était seule en droit et en position de distribuer à chaque parti en présence, avec justice et impartialité, la portion de souveraineté qui pouvait lui être due, on abandonna, au contraire, la rédaction de la nouvelle constitution à de prétendus représentants nationaux, lesquels, n'appartenant en définitif qu'à la majorité de leurs électeurs ou qu'à une classe particulière des intérêts ou des idées en présence, ont ainsi prononcé dans leur propre cause, en se faisant eux-mêmes la part d'influence et de pouvoir qui devait désormais leur revenir. De là, toutes ces déclamations métaphysiques ou philanthropiques, ces déclarations aussi magnifiques que mensongères d'égalité et de liberté, qui ne signifiaient rien, si ce n'est que les professions libérales, que les bourgeois, les lettrés et les avocats qui les débitaient, et qui se disaient être la nation entière, allaient à leur tour s'élever ou jouir de faveurs sociales précédemment accordées à d'autres, lesquelles faveurs, par suite de ce changement de personnes, cesseraient évidemment d'être des abus.

Ainsi, sans en dire davantage, on voit que la liberté (en appelant de ce nom la souveraineté devenue moins absolue, ou partagée avec une plus grande partie de la nation), pour être légitime et bienfaisante, doit toujours descendre, sans secousse et sans violence, des gouvernants présents aux gouvernants futurs, qui ont ainsi besoin d'être régulièrement installés au pouvoir.

Sans doute, ces derniers, impatients de s'élever ou d'arriver à ce qu'ils appelleront la jouissance de leurs droits imprescriptibles, vont se plaindre des retards ou résistances apportés à leur avancement; ils se révolteront, même feront couler le sang, sauf à nous apprendre ensuite qu'un pareil malheur ne serait pas arrivé, si on n'avait pas eu l'imprudence de repousser leurs justes prétentions; mais il faut, une fois pour toutes, apprécier à leur juste valeur de tels sophismes révolutionnaires, et, quoi qu'on en dise, une classe quelconque de la société ne sera jamais qu'usurpatrice, quand, sans autres titres que certaines connaissances, aptitudes ou influences acquises, qu'une opinion plus ou moins partielle, plus ou moins générale, soulevée avec ou sans raison en sa faveur, elle se saisira elle-même d'une partie de la souveraineté, en l'enlevant par craintes, séductions, violences et émeutes, au monarque ou à l'autorité législative préexistante; laquelle, représentant à elle seule le corps entier de la nation, pouvait donc seule parler et décider au nom de cette dernière, à moins qu'à ces époques de perturbation, de délire ou d'aberrations de tout genre, on ait pensé pouvoir concilier des choses qui s'excluent entièrement, savoir un très-grand mépris pour le pouvoir de la veille, avec un très-grand respect pour le pouvoir du lendemain.

Parfois l'insurrection, a-t-on dit, doit être permise, mais, indépendamment de la difficulté, du danger ou de l'absurdité évidente qu'il y a d'établir ainsi chacun juge de la justice ou des réparations qui lui sont dues, on doit observer que, de deux choses l'une, ou l'opinion du pays opprimé sera très-éclairée, très-généralement et très-fortement prononcée contre le pouvoir oppresseur, dans quel cas ce dernier tombera infailliblement de lui-même sans secousse et sans violence devant ce silence du peuple appelé la leçon des rois, devant cette négation complète de tout empressement ou concours, devant cette résistance passive, ce refus enfin de considération et de sympathie, qui, isolant au milieu de la nation l'autorité dont il s'agit, l'empêchera, pour ainsi dire, de se procurer ses agents ou auxiliaires les plus indispensables, ou bien par une deuxième hypothèse qui ne motivera pas davantage les soulèvements, l'opinion hostile au pouvoir ne sera, au contraire, que factice et partielle; dans quel cas elle ne pourra, sans mensonge, se dire toute la nation, sa révolte étant ainsi illégitime, ses représentants et ses conspirateurs étant obligés de recourir, faute d'une assistance générale, à des moyens cachés, iniques et violents, ils doivent donc faire craindre plus tard ces réactions et ces spoliations, destinés à faire payer à la nation les dangers qu'ils auront courus sans elle.

Mais, dira-t-on, poussant les objections à l'extrême, comment remédier alors à des abus monstrueux? comment arrêter les cruautés d'un nouveau Néron? ou si par suite de l'abolition de l'esclavage, de la suppression des régimes, conquérants et oppresseurs au dehors comme l'était celui de Rome, si, par l'heureuse influence du christianisme, de la propagation de l'industrie et autres causes, un tel souverain est devenu impossible, en sera-t-il de même d'un Louis XIV, d'un Napoléon ou d'un prince par trop guerrier qui, chef d'une aristocratie ou organisation militaire, nous exposerait à des guerres désastreuses et autres dangers? A cela on répondra d'abord que l'opinion dont on vient de parler, réunie à l'alliance, qui ne manquerait pas, avec les lumières actuelles, de se former entre les nations menacées, seront encore dans ce cas, heureusement peu probable, le moyen le plus sûr de conjurer le péril. Au reste, dans l'état de civilisation où nous sommes arrivés, au milieu de ces nombreux intérêts matériels, en présence de ce grand développement industriel et commercial, après tant d'expérience acquise enfin sur l'inutilité, sur l'absurdité évidente et calamiteuse des guerres, ne doit-on pas penser que dès ce moment tous les gouvernements un peu sensés de la terre sont déjà d'accord ou sont sur le point de l'être, pour se liguer contre l'esprit insensé de conquête ou de révolution partout où il pourra naître.

Au reste, cette opinion publique à qui on voudrait accorder le droit de s'insurger, est-elle à son tour infaillible? et si, après son triomphe, elle se laisse aller à des errements funestes, qui pourra alors la surveiller ou l'arrêter? Les conquérants qu'on vient de citer n'étaient-ils donc pas approuvés par l'opinion de leurs peuples avant leurs revers? N'a-t-on pas vu, ne voit-on pas aussi les républiques se jeter dans des extravagances guerrières? Enfin une nation vive et impétueuse comme la française, étant exclusivement livrée à son opinion, c'est-à-dire aux assemblées et journaux qui représentent, excitent et faussent cette dernière, obtiendrait-on par là, on le demande, un plus grand gage de paix et de stabilité?

Pour en revenir à 1789, on voit que le grand événement ou le grand scandale de cette époque a été l'usurpation ou le transport très-illégitime du pouvoir, des mains du roi, de la noblesse et du clergé, dans celles de la classe moyenne, et des professions libérales représentées ensemble par des députés ou plutôt par les électeurs de ces députés.

Comme ce nouveau pouvoir n'a pas manqué de se regarder comme infiniment plus national que l'ancien, terminons ce chapitre des illusions de 89, en réduisant à sa juste valeur cette prétention qui, d'ailleurs, s'est produite ou se reproduira dans toutes les usurpations passées, présentes ou futures.

Admettons même que tous ces systèmes électoraux, à l'aide desquels on devait réaliser le vœu de la nation ou au moins ce qu'on appelait la volonté du plus grand nombre, n'eussent pas été continuellement faussés ou éludés par la crainte et l'ignorance des uns, par les intrigues et la mauvaise foi des autres, et surtout par ces émeutes avec lesquelles des impatiences imprudentes ou des factions perverses faisaient descendre le pouvoir réel chez la populace insurgée, ces gouvernements de majorité auraient-ils été parfaits comme on l'a supposé tant de fois? Evidemment non.

En effet, on conçoit qu'un roi héréditaire mis, autant que possible, à l'abri de ses erreurs, faiblesses ou passions individuelles par la religion, par son éducation, ses habitudes ou traditions de la famille, par un entourage permanent de parents et autres conseillers de grand poids, et surtout par ses rapports continuels avec les autres souverains qui, tous dans l'état actuel de notre civilisation, doivent s'éclairer mutuellement ou se rendre solidaires entre eux des fautes commises sur un trône quelconque, on conçoit, disons-nous, qu'un tel prince, trouvant son intérêt particulier confondu et identifié autant que possible avec l'intérêt général de son royaume, en représentera constamment et dans toute la rigueur du mot, l'universalité des habitants, depuis le plus pauvre jusqu'au plus riche, depuis le plus ignorant jusqu'au plus savant, et cela dans la proportion d'influence que chacun doit exercer sur la marche des affaires de l'Etat; autrement dit, on peut espérer que, d'après les penchants connus de l'humanité, il cherchera sans cesse à consolider et améliorer son royaume ou l'héritage de ses enfants, en y faisant régner, par suite, la morale et la justice autant que possible.

Des mandataires électifs se disant représentants nationaux, n'étant, au contraire, et quelle que soit la manière dont on s'y prenne, que les produits momentanés d'une lutte entre la majorité et la minorité des électeurs, à l'exclusion du reste de la population, déjà, par ce seul motif, ne devraient plus se reconnaître l'indépendance et l'impartialité nécessaires pour prononcer équitablement sur les intérêts de tous.

Effectivement, souvent engagés d'avance avec leurs électeurs, amis, ou avec leurs partisans, et ce qui est pire, compromis ou en hostilité déclarée avec leurs antagonistes ou leurs adversaires politiques, comment ces députés, dans une pareille situation, oseront-ils discuter les intérêts de ces derniers, se dire les représentants de tout le pays, tenir, dans la confection des lois, la balance entre les divers partis ou opinions qui divisent la société, surveiller enfin et diriger l'administration publique au profit de toutes les classes indistinctement?

N'en sera-t-il pas de même des conseillers de département, d'arrondissement et de commune, des chefs de garde nationale et autres produits d'élections quelconques?

Il est plus, en supposant même aux jurés toute la

fermeté, l'expérience et la sagacité désirables, ne pourrait-on pas encore reprocher à cette magistrature temporaire d'être restreinte à une certaine classe de la société, et comme telle, de ne pouvoir, de son côté, être ou paraître impartiale pour tout le monde?

Ainsi, après s'être défié, outre mesure, de la royauté héréditaire qui, malgré quelques inconvénients, est cependant la seule et vraie représentation nationale intéressée à protéger tout le monde, et qui n'a rien à espérer ou à craindre de personne, et qui sera d'autant moins jalousée, plus respectée, plus obéie, que son élévation sera plus ancienne, quelle tiendra à la naissance et qu'on y sera plus habitué, on n'a pas cru pouvoir mieux faire pour se gouverner que d'assembler, à certaines époques, des colléges électoraux ou une certaine partie de citoyens pour savoir qui sera majorité ou minorité, puis, les vainqueurs et les vaincus étant connus et proclamés dans cette lutte de suffrages, à décider au moins tacitement que désormais les premiers seront l'objet des soins et des prévenances de l'administration publique, tandis que les derniers, indignes, en général, de tous emplois et faveurs sociales, ne seront bons qu'à payer les impôts ou qu'à supporter les charges de la communauté.

Ce n'est pas tout, comme pour perfectionner le mal dans cette occasion et empêcher qu'une nation ainsi périodiquement agitée et démoralisée par les élections, par les intrigues et les animosités qui en sont la suite, ne puisse, plus tard, retrouver sa tranquillité; à l'aide des libertés de la presse et de la tribune, à l'aide des autres droits que la classe régnante elle-même croira nécessaires au maintien de son pouvoir, ou qui vont être la conséquence forcée de cette foule de mandats donnés ou reçus dans les systèmes représentatifs, ou de cette intervention des masses dans la confection des lois, la minorité, exclue injustement de la gestion des affaires publiques, déclarera une guerre à la majorité, et les gouvernants, sans cesse harcelés ou poursuivis par l'injure et la calomnie, impuissants et découragés au milieu de la dissolution ou désagrégation générales, vont peut-être se trouver plus à plaindre encore que les gouvernés impatients ou envieux de leur malheureuse autorité.

Tels sont cependant les régimes qu'on a si souvent décorés des beaux noms d'émancipation nationale, de régénération sociale ou de glorieuse révolution, et qu'on a présentés au peuple comme des chefs-d'œuvre de lumière et de civilisation.

## CHAPITRE 3.

### Conséquences diverses qu'a eues et que devait avoir le grand mouvement de 1789.

Il est inutile ici d'observer qu'un déplacement ou qu'un bouleversement aussi général que celui de 89, opéré d'abord dans les pouvoirs publics, dans les juridictions et administrations provinciales, qui avaient si grand besoin d'être régularisées et uniformisées, puis dans les influences, les rangs et les fortunes particulières, devait donner une activité nouvelle et une impulsion extraordinaire à tous les esprits, soulever les résistances d'un côté et des ambitions de l'autre, réveiller toutes les passions enfin, en remettant, par suite, en question tous les principes d'ordre, toutes les croyances qui régissaient ou disciplinaient jusqu'à ce moment la société, en préparant, en un mot, une prochaine dissolution et complète anarchie, par le relâchement de tous les liens sociaux et l'oubli rapide des traditions et de toutes les habitudes hiérarchiques qu'on avait plus ou moins respectées jusqu'alors.

Sans doute, dès le premier jour qu'une assemblée délibérante se donnait à elle-même sa constitution, on n'était déjà plus en monarchie, et le pouvoir social avait réellement passé des mains du roi dans celles des constituants et de leurs électeurs, par suite; mais dès le deuxième jour que les novateurs ou plutôt les anarchistes, en dedans ou en dehors de ces constituants, crurent devoir recourir à l'émeute ou aux mouvements populaires, pour vaincre, par la terreur, les résistances et faire triompher leurs opinions et vues particulières, la même autorité n'était déjà plus chez cette classe moyenne et lettrée qui s'en était emparée précédemment, mais bien chez une populace ignorante et brutale, qui bientôt allait effacer en absurdités, en extravagances, en cruautés ou monstruosités tous les gouvernements possibles.

En définitif, beaucoup de mal et aussi beaucoup de bien a dû être produit au milieu de ce remuement et de ce classement nouveau de toutes les existences, où chacun, comme abandonné à ses propres forces, à son activité, à son mérite personnel, a été obligé de chercher dans son travail, dans son industrie, dans son courage ou dans ses propres œuvres, la considération, le rang et la position que ne pouvaient plus donner la naissance, les traditions, les droits et priviléges abolis de l'ancien régime.

Les carrières civiles, et principalement celles militaires, étant devenues libres et ouvertes à tous, de plus un appel général ayant dû ensuite être fait par la patrie menacée, à tous ses enfants en état de la défendre, les services éminents, les actions d'éclat, les héroïsmes de tous genres ne pouvaient donc pas ne pas se multiplier en de tels moments, surtout chez la nation la plus vive, la plus intelligente, la plus impétueuse et la plus chevaleresque qui fut jamais.

Personne ne voulant ou ne pouvant plus rester en repos, des progrès très-notables, des améliorations et des découvertes plus ou moins nombreuses ne pouvaient donc pas ne pas avoir lieu dans l'agriculture, l'industrie, le commerce, et aussi dans les arts et les sciences.

De plus, les guerres intérieures ou extérieures, et surtout le régime de la terreur qui devait nécessairement faire partie du grand drame révolutionnaire commencé en 89, ayant amené des émigrations, des proscriptions et des confiscations de toutes sortes, ayant, par suite, aliéné et divisé les grandes propriétés territoriales, la culture, devenue ainsi plus morcelée, a exigé plus de main-d'œuvre, il est vrai, mais comme cette dernière pouvait être fournie par les travailleurs mêmes qui en recueilleraient dorénavant le fruit, il en est résulté définitivement un avantage plus ou moins considérable pour notre agriculture soignée depuis lors, et surveillée de plus près par un plus grand nombre de propriétaires intéressés.

Enfin, chacun, pour ainsi dire, ayant été obligé, au milieu des dangers ou de la conflagration générale, de quitter ses foyers et ses habitudes paisibles pour marcher aux armées, pour participer à l'administration publique, c'est-à-dire, chacun ayant été précipité, d'une manière ou de l'autre, dans le torrent des agitations et des idées nouvelles; ces causes jointes à ces discussions si retentissantes de la tribune dite nationale, à celles de la presse, à ces ambitions, à ces prétentions de toutes parts réveillées, ayant amené des contacts beaucoup plus répétés entre tous les habitants du royaume, ayant fait naître, avec des goûts et des besoins nouveaux, une plus grande habitude de voyager, de circuler et de se fréquenter, il est résulté de cette locomotion générale, de ce déplacement continuel des individus, ou de cette instruction mutuelle non interrompue, que, dans ce qui tient aux arts, aux jouissances de la vie, ainsi qu'aux modes particulières, la capitale a pu être très-promptement imitée par les villes de provinces, et ces dernières par les campagnes environnantes; en un mot, tout ce qui sert aux habitations comme aux personnes, les inventions nouvelles, les ustensiles, ameublements et vêtements, étant mieux connus ou plus recherchés, ou ayant dû se multiplier par suite de communications mutuelles ou de fréquentations plus actives, il en est donc résulté un grand développement dans le travail industriel, une impulsion dans les arts et manufactures, laquelle, comme toujours, a réagi sur l'agriculture, en ouvrant de nouveaux débouchés à ses produits.

Mais, sans continuer la revue de ces bienfaits qui, avec beaucoup d'autres, protégent parmi nous les souvenirs de 89, sans répéter ici, avec un de nos meilleurs historiens, que *l'âme la plus vraiment libérale qui fut jamais*, *que Louis XVI enfin* nous aurait donné tous ces biens, si on eût *appuyé sa faiblesse au lieu de l'accabler;* sans rappeler que cet essor donné à toutes les facultés humaines, c'est-à-dire, aux bonnes comme aux mauvaises passions, peut, au delà d'un certain terme, produire plus de mal que de bien, en entraînant à sa suite la corruption des mœurs: d'abord, le relâchement des liens sociaux, l'affaiblissement des sentiments religieux et consolateurs, puis le malaise moral, l'irritation des ambitions devenues trop nombreuses pour pouvoir être toutes satisfaites; sans enfin chercher ici à comparer des masses de bienfaits ou d'inconvénients, non susceptibles d'être soumises à une mesure géométrique ou commune, dont l'appréciation plus ou moins arbitraire dépendra des sentiments de chacun, nous allons, pour ne pas sortir de nos réflexions purement politiques et constitutionnelles, considérer principalement l'influence exercée par 1789 sur les gouvernements présents et futurs, en cherchant ainsi à examiner, dès leur apparition ou publication, ces prétendus titres du genre humain, ensevelis depuis tant de siècles, et que la philosophie s'est vantée d'avoir découverts pour assurer à jamais la liberté et la félicité des peuples.

On a semé du vent pour recueillir des tempêtes, a-t-il

déjà été dit précédemment : c'est ce que malheureusement ont démontré les excès anarchiques de 1793, et ces flots de sang répandus sur les échafauds et les champs de bataille, catastrophes dont les conservateurs du temps naturellement ont dû rendre responsables les novateurs, et que ces derniers attribuaient tout simplement à la coupable et imprudente résistance opposée à leurs réformes.

Au reste, quoi qu'il en soit de cette dernière et singulière justification, à l'usage de quiconque aura attaqué l'ordre établi, et qui après en serait ainsi quitte pour observer qu'il n'aurait jamais commis aucune violence, si on l'avait laissé exécuter ou prendre ce qui lui convenait ; quoi qu'il en soit aussi de la dépendance nécessaire, qui a ou n'a pas réellement existé entre les illusions de 89 et les horreurs de 93, il n'en est pas moins probable que le premier temps, considéré comme l'époque classique par excellence des utopies et théories révolutionnaires, des paradoxes ou sophismes politiques, sera un jour jugé très-sévèrement par l'histoire, surtout quand la reconnaissance, quand des principes et des intérêts encore vivants ne seront plus là pour défendre cet enthousiasme irréfléchi, ou ce délire d'innovation qui, s'emparant même des classes les plus intéressées à l'ordre, pouvait entraîner le renversement général de toutes les sociétés du monde entier.

Rationnellement et politiquement parlant, il est évident qu'avec l'inégalité naturelle des hommes et le droit de propriété inséparable de toute association, il ne peut pas ne pas y avoir des premiers et des derniers, c'est-à-dire, des classes supérieures d'abord, puis des classes inférieures beaucoup plus nombreuses au haut et au bas de l'échelle sociale.

Or, puisque la société ne peut se régir en masse ou collectivement, et qu'une délégation à cet effet est indispensable, représentants pour représentants, on devra donc choisir de préférence ceux qui, par leurs vertus, leur lumière, leur fortune ou supériorité acquise, seront plus aptes au pouvoir, et en même temps y auront plus de droits, à cause du plus grand rôle qu'ils jouent, ou de la plus grande part qu'ils possèdent individuellement dans la communauté qu'il s'agit de gérer ou d'administrer. Dans tous les cas, soit qu'on se donne alors un seul mandataire ou chef unique nommé empereur, roi, président, dictateur ou autrement, soit que la société mette à sa tête des classes particulières d'individus gouvernant ensemble ou choisissant des gouvernants, soit qu'elle y mette des sénateurs, des pairs, des représentants dits nationaux, des électeurs, des assemblées populaires enfin (lesquelles, votant même les lois en place publique, n'en formeront pas moins une espèce d'aristocratie dans la démocratie, si on peut s'exprimer ainsi, en se composant alors des privilégiés, des gouvernants plus ou moins nombreux, ou des maîtres de la république); dans tous ces cas, dit-on, la condition essentielle à remplir pour qu'il y ait stabilité dans le gouvernement et dans la société, par conséquent, c'est que la souveraineté et la supériorité de droits se trouvent, autant que possible, réunis à la supériorité de fait; en d'autres mots, il faut que le chef suprême, ou ces assemblées dirigeantes ou agissantes au nom de la nation, se trouvent, autant que possible, avant leur mandat, composées de positions faites et non à faire; des sommités ou de toutes les supériorités nationales, sous les rapports de qualités personnelles, de fortunes acquises et autres, afin que l'influence et l'autorité déléguées, s'ajoutant à celles préexistantes, rendent alors le gouvernement aussi fort que possible, en le mettant à l'abri des suspicions, contestations, ambitions et jalousies diverses.

Ce but atteint, et l'autorité la plus avouée de tout le monde, la moins sujette à des besoins personnels, étant par cela même la plus en mesure de faire le bien, il faudra, il est vrai, par la religion, la morale, par tous les encouragements ou moyens possibles, empêcher alors les gouvernants d'abuser de leur puissance, leur rappeler sans cesse qu'ils sont institués au nom de tous et pour le bonheur de tous; il conviendra, il est vrai, de donner des organes divers aux administrés qui auront à se plaindre, afin d'établir ces communications nécessaires, et afin de faire remonter sans cesse vers le pouvoir dirigeant la vérité ou la connaissance exacte des besoins publics et des véritables vœux nationaux; mais c'est à ce seul droit de remontrances continues, accordé aux magistratures et à tout ce que la société renfermera de plus sage, de mieux informé, de plus éclairé, de plus intéressé à l'ordre; c'est à ces enquêtes continuelles, ouvertes sur toutes les décisions à prendre, à ces suppliques d'autant plus efficaces qu'elles seront plus respectueuses ou plus exemptes de tout soupçon et de toute rivalité de pouvoir, que devra évidemment se borner le contrôle journalier à exercer sur l'autorité souveraine, si on veut que cette dernière continue à subsister, ou si en définitif on a en vue un gouvernement quelconque.

En effet, jamais, avant 1789, il n'a pu venir à l'esprit de personne, de reconnaître d'abord un roi héréditaire comme représentant perpétuel de la nation, pour ensuite, retirant d'une main ce qu'on a accordé de l'autre, charger de la confection des lois une assemblée représentative de la seule majorité électorale, laquelle pouvant accuser et punir les ministres, instruments obligés de la volonté royale, pouvant refuser les dépenses publiques, devenait donc, par ces motifs et beaucoup d'autres, maîtresse exclusive, non-seulement du pouvoir législatif, mais encore de celui exécutif qui, bien entendu, ne pourra jamais être distinct et indépendant du premier qui l'organise, le surveille et le paye.

Dans ce système, où l'on a voulu d'abord qu'il y eût un roi, puis qu'il n'y en eût pas, ou au moins que l'autorité royale fût partagée, mitigée ou modifiée, on ne sait comment, les députés étant en outre armés du droit de voter l'impôt ou de provoquer à leur volonté un soulèvement général pour plus grande garantie de leur souveraineté, on voit donc que tous ces artifices ou subtilités politico-métaphysiques revenaient simplement à dire que dorénavant le roi cesserait d'être le représentant universel et permanent de tous, pour devenir l'instrument ou le ministre obéissant de la majorité des députés, ou plutôt de celle des électeurs, lesquelles majorités d'ailleurs ne pouvant plus être dissoutes ou modifiées dans leurs plus grands écarts ou abus de pouvoir, devenaient par suite le seul et véritable souverain du pays.

Laissant ici de côté les vains mots pour pénétrer au fond des choses, que pouvaient en effet se proposer dans ce cas les votants de la constitution de 91 ? Comme un aussi grand crime que celui de la mort du roi ou du renversement prochain de la monarchie, était sans doute loin de leur pensée, ils espéraient donc, en mettant ainsi en présence pour la confection des lois, d'un côté, la royauté héréditaire essentiellement liée par ses contacts ou sa position, par ses habitudes passées et futures, avec la grande et l'ancienne propriété, et d'un autre côté, la majorité de députés ou d'électeurs bourgeois à tendances ou intérêts très-différents, ces constituants, dit-on, espéraient donc les uns dans leurs illusions de bien courte durée, que l'ancienne aristocratie continuerait à régner sous le nouveau système, ou à triompher dans les élections instituées, ainsi que cela avait lieu en Angleterre, tandis que les autres, sans doute en plus grand nombre, rêvaient une transaction impossible ou une fusion chimérique des idées anciennes et de celles nouvelles, comme s'il en était des penchants humains ainsi que des mobiles, qui après leur choc suivent en mécanique une résultante ou une certaine direction intermédiaire à celles qu'ils avaient primitivement; comme si, en enfermant dans une espèce de champ-clos deux incompatibilités évidentes, ou en obligeant le monarque alors représentant du passé, à s'accorder désormais avec la petite propriété, on ne devait pas nécessairement, au lieu de cette résultante ou de cette moyenne désirée des tendances plus ou moins opposées, arriver au contraire à la divergence ou à l'irritation toujours croissante des volontés en présence, et par suite à la négation de tout pouvoir, ou à une complète impossibilité gouvernementale.

Chose vraiment singulière, lorsque le vulgaire et toutes les législations éclairées par une expérience et un besoin de tous les instants, s'accorderont pour donner à la famille ou au moindre des ménages, aux associations ou communautés quelconques, un gérant, un administrateur unique, ou tout au moins une seule assemblée et majorité délibérante à vue constante et déterminée; lorsque dans une commission, expertise ou arbitrage quelconque, on prévoira toujours le cas de partage des voix pour arriver à une décision ou solution nécessaire, voilà que nos utopistes de 89, nos grandes lumières du siècle, remettront la direction si compliquée et si difficile d'un vaste pays à la double décision d'un roi très-opulent et de la petite propriété, c'est-à-dire à deux autorités essentiellement disparates et antipathiques, à des volontés bien moins susceptibles certes de s'accorder, de transiger ou de se fondre ensemble, que celles unies par le mariage; lesquels pouvoirs, qui plus est, en cas de ces incompatibilités, opiniâtretés, susceptibilités ou scissions qui les attendaient inévitablement, n'avaient aucun moyen prévu pour déterminer leurs différends, et pour rompre ces liens communs, dans lesquels, garrottés l'un et l'autre, ils devaient marcher tantôt vers la monarchie, tantôt vers la démocratie, et le plus souvent ne pas marcher du tout, s'embarrassant alors, se trompant ou se combattant jusqu'à ce qu'enfin le plus fort ait pu renverser le plus faible.

A-t-on espéré par hasard que, dans cette occurrence, les discussions publiques de la tribune et de la presse feraient toujours immanquablement triompher la justice ou la vérité, en confondant, par la force irrésistible du raisonnement joint à l'éclat des lumières, celui des deux pouvoirs ainsi tenus en équilibre; qui se refuserait à cette heureuse transaction, rêve d'une philanthropie par trop candide? Dans ce cas, on aurait dû se demander si en Angleterre, avant 89, les partis ou les journaux, dans leurs querelles ou disputes interminables, avaient jamais pu se convertir mutuellement, ou changer par des motifs autres que leurs intérêts particuliers. Ignorait-on alors comme aujourd'hui que, non-seulement les législateurs, mais encore leurs électeurs, se partagent depuis longues années au scrutin, souvent en parties presque égales sous les noms de torys, wighs ou radicaux, sans jamais s'entendre un peu unanimement sur l'application des doctrines constitutionnelles?

Cette impuissance rationnelle de la science sociale sur les convictions, devait au reste bien autrement se révéler plus tard, lorsqu'après nos agitations et toutes nos inanités constitutionnelles, après les vains débats de nos écrivains ou discoureurs politiques, l'opinion, pour ainsi dire, se trouverait encore moins éclairée, moins fixée que jamais, au point que les majorités gouvernementales, presque toujours réduites au nombre rigoureusement nécessaire seulement pour maintenir un gouvernement debout, et ne pas rentrer en révolution (et cela par les jalousies ou inimitiés en présence, qui même ne consentent qu'avec peine ou malgré elles, à céder ce stricte exigé d'autorité), non-seulement ne peuvent point endoctriner ou attirer à elles, par quelques raisons un peu solides, leurs opposants, mais encore flottent elles-mêmes incertaines au milieu de ce déluge de sentiments divers qui finissent par noyer ou confondre toutes les questions de constitutionnalité, et même les notions les plus ordinaires du bien et du mal, du juste et de l'injuste.

L'équilibre des deux pouvoirs de 89 étant évidemment impossible, cette combinaison politique, au tort de l'usurpation ajoutant celui de ne rien fonder d'exécutable, de durable ou de raisonnable, n'était-ce pas le cas de songer alors à un sénat, à une pairie ou chambre héréditaire, très-distincte par sa position, son origine et ses intérêts du corps électoral, ou des députés en possession du gouvernement.

Sans doute, si avant la destruction totale de l'ancienne aristocratie, lorsque les grandes fortunes territoriales n'avaient pas encore été divisées ou aliénées, que les prestiges de la naissance, des noms, des souvenirs, n'avaient pas encore disparu, on avait réuni en faisceau autour du roi tous ces appuis encore subsistants, toutes ces notabilités de fortune, de rang, de réputations acquises, de services rendus ou de capacités éprouvées; dans une pareille hypothèse, dit-on, toute l'omnipotence sociale n'étant pas alors livrée subitement aux prétentions croissantes de la petite propriété, la révolution aurait donc pu être arrêtée, ou au moins modérée dans sa marche, et la monarchie sauvée peut-être. On s'exprime avec doute, dans ce cas, en effet, de ce que l'aristocratie anglaise infiniment plus grave, plus gouvernementale en général que n'était celle de France avant 89, avec plus d'accord, plus d'influence et d'esprit national, avec des lois électorales moins démocratiques, des frontières plus infranchissables, des armées plus disciplinées, de nombreuses colonies et d'immenses ressources à l'extérieur, peut à peine se défendre, avec la royauté qui est à sa tête, contre les récriminations et les envahissements croissants des classes inférieures; ne doit-on pas en conclure qu'en France on tombera infailliblement dans l'anarchie, lorsque renversant tout à coup, comme en 91, l'ordre hiérarchique établi, on organisera ou on conviera toutes les ambitions subalternes, à la dépouille des grands ou seulement au partage du gouvernement, des honneurs et de la fortune publique.

Ce danger de démagogie malheureusement trop confirmé par les événements de 1792, et suivants, va au reste se renouveler, non-seulement quand la royauté ou quand des familles régnantes, même les plus capables, les plus influentes et les plus nombreuses, se trouveront seules vis-à-vis la classe moyenne, pour exercer le pouvoir public, mais encore quand ces mêmes familles ne pourront être défendues que par une pairie non héréditaire, ou qui n'aura pas eu le temps de jeter d'assez profondes racines dans les mœurs publiques.

Répétons donc, au sujet de l'école gouvernementale de 89, dont les doctrines, les traditions et les errements sont sans cesse invoqués, glorifiés et exaltés par les novateurs de tous les temps et de tous les pays, qu'en plaçant d'un côté la royauté héréditaire et de l'autre côté des députés armés du vote de l'impôt ou de la faculté d'exciter un soulèvement à volonté, du droit d'accuser les ministres, organes obligés de la volonté royale et de celle beaucoup plus applicable et plus efficace, par conséquent, de refuser, en tout ou en partie, les dépenses ou fonds indispensables à la marche de chaque ministère, on ne pouvait pas d'abord espérer un équilibre stable avec des forces opposées aussi inégales; puis, dans tous les cas, on ne pouvait pas assimiler des intérêts humains, des prétentions ou passions ainsi mises en présence ou plutôt aux prises, à des efforts mécaniques ou purement matériels : les deux pouvoirs, placés au faîte de l'édifice social (là où il ne pouvait plus, par conséquent, exister d'autorité ou de tribunal supérieur pour réprimer les torts ou contenir les empiétements de chacun), eussent-ils, à l'origine, paru égaux en force, non-seulement ils ne devaient pas se contrebalancer, se rapprocher ou se fondre ensemble, mais, au contraire, ils ne pouvaient que s'aigrir mutuellement et s'éloigner de plus en plus, à la suite de contacts très-répétés et de discussions très-fréquentes qui, comme toujours, ne pouvaient pas ne pas dégénérer bientôt en disputes, récriminations, et finalement en luttes plus ou moins violentes.

Au reste, supposons que la royauté (ce qui n'a pas été et ne pouvait guère être) eût, dans cette occasion, sacrifié, avec les intérêts sociaux liés à son existence, ses sympathies ou prérogatives diverses, en consentant, en dernier résultat, à devenir l'instrument passif de l'aristocratie bourgeoise ou de la nouvelle souveraineté du jour, supposons, ce qui est plus impossible encore, que toutes les sommités sociales, que les grandes fortunes territoriales et autres (qui devaient, en général, se sauver ou périr avec la monarchie) eussent imité une pareille abnégation et consommé le même suicide, dans ces hypothèses mêmes serait-on parvenu à composer quelque chose de stable ou de raisonnable en 89? Cette aristocratie, puisée dans la classe moyenne qui excluait d'un côté les rangs supérieurs et de l'autre les inférieurs, ne devait-elle pas présenter de grands inconvénients? C'est ce qu'il s'agit d'examiner.

Sans renouveler ici les reproches déjà adressés aux majorités électorales en général (lesquelles, comme nous avons vu, ne devaient pas produire des députés justes et impartiaux pour tout le monde, et surtout pour les adversaires qu'a rencontrés leur nomination), nous observerons que le gouvernement improvisé et placé ainsi de fait chez la partie la plus nombreuse et parconséquent la moins aisée des contribuables, devait donc se trouver en butte à deux oppositions bien distinctes, d'abord à celle de la haute classe de la société, à qui, bien entendu, on ne persuadera jamais qu'elle peut être écartée de l'administration publique pour être régie dorénavant par des hommes qu'elle aura toujours regardés comme au-dessous d'elle, par les auteurs, fauteurs ou exploitants des révolutions du jour; puis à l'opposition plus nombreuse et plus violente encore des classes inférieures qui, bien entendu, ne respecteront pas davantage leurs nouveaux gouvernants ou supériorités légales, que ces dernières n'ont respecté celles qui les précédaient.

Comment, en effet, faire comprendre à ces masses inférieures, surtout après qu'on aura souvent mendié leur appui, que l'autorité, d'abord enlevée aux sommités sociales, doit ensuite s'arrêter en chemin et ne pas arriver jusqu'à elles? Leurs orateurs, leurs meneurs ou tribuns admettront-ils qu'ils manquent de l'intelligence ou de la capacité nécessaire pour gouverner à leur tour, comme si ces dernières considérations pouvaient être susceptibles d'une appréciation exacte ou de mesure comparative?

Rationnellement parlant, la royauté héréditaire est la représentation la plus exacte et la plus paternelle des peuples. Ce mode de gouvernement, d'abord adopté à cause de sa simplicité par les sociétés naissantes, puis critiqué, puis repoussé au nom de la philosophie et des lumières, peut donc fort bien, avec un plus grand progrès de ces mêmes lumières, être reconnu un jour comme le moins imparfait de tous ; mais si, en attendant, on craint de trop abandonner le soin de l'Etat aux faiblesses, vicissitudes, infirmités ou passions d'un homme ou d'une famille unique ; si on croit devoir, en conséquence, confier la garde du pouvoir public à une partie de la société ou à une aristocratie quelconque mue par des intérêts constants, et toujours poussée, par suite, vers un but plus ou moins invariable, pour cette nouvelle délégation de la souveraineté on songera naturellement, a-t-on dit, non pas aux électeurs à cens le moins élevé, mais bien à toutes les supériorités existantes, à toutes les notabilités de rang, de fortune et même de naissance, lesquelles étant, après le roi, les plus intéressées à la chose publique, ou possédant individuellement la plus grande part de la communauté, ne peuvent donc pas ne pas être appelées des premières dans la gestion de cette dernière.

Il devra en être ainsi, non pas seulement parce que, dans une entreprise quelconque, chacun doit surveiller et administrer la chose commune en raison de son intérêt ou de sa mise de fonds, mais bien par suite de cette répugnance qu'on trouvera toujours à élever au-dessus de soi ses égaux ou ses inférieurs, et aussi afin que la supériorité de droit, coïncidant dans ce cas avec celle de fait, se trouve par là moins jalousée ou la plus respectée possible.

Qu'arrivera-t-il maintenant à cette classe moyenne ou à cette majorité électorale parvenue au pouvoir, contrairement à ce qui précède, et qui ne sera ni le règne des riches, ni tout à fait celui des pauvres, ni la souveraineté du peuple surtout ? Accusée d'usurpation, d'avidités mesquines ou de menées révolutionnaires par les uns, repoussée par les autres comme la pire des oligarchies, en vain cette classe dominante prétendra-t-elle réunir les avantages de la démocratie à ceux de l'aristocratie; la presse opposante, au contraire, s'obstinera souvent à ne voir que les inconvénients des deux régimes chez des gouvernants parvenus auxquels elle refusera peut-être même cette dignité, cette générosité ou ces qualités brillantes de l'aristocratie déchue.

Sans doute, dans une administration publique, on ne peut pas ne pas avoir pour opposants ou au moins pour indifférents tout ce qui se trouve exclu du pouvoir ou jeté en dehors des influences gouvernementales, mais ce sera toujours une chose fâcheuse, une cause permanente de démoralisation et de dissolution pour les gouvernants comme pour les gouvernés, lorsque la classe régnante ne pourra pas, à tort ou à raison, afficher des principes constants et invariables de morale conservatrice, en se conciliant l'appui sincère des idées religieuses, et aussi de la royauté héréditaire destinée même sous le régime constitutionnel à sympathiser tôt ou tard avec la grande propriété ou avec les positions élevées et analogues à la sienne.

Que résultera-t-il, en définitif, de ce nouvel ordre de choses, même sous un chef très-capable et qui, par l'effet des circonstances, en sera momentanément le sincère partisan? Un débordement continuel d'injures réciproques, tout le monde voulant attaquer, blâmer ou se justifier, les rancunes, jalousies et passions de toute espèce étant en jeu surtout après le déplacement récent des pouvoirs publics, des récriminations sans nombre ayant besoin d'éclater, les destitués, les spoliés, les vaincus enfin désirant se plaindre, les vainqueurs et les gouvernants espérant se défendre ou se consolider par des torts qu'il ne leur sera que trop facile de reprocher ou de renvoyer à leurs adversaires et à leurs prédécesseurs déchus : les terribles libertés de tribune et de presse vont donc être alors réclamées, non-seulement par les journalistes ou par toutes les industries matérielles qui s'y rattachent, non-seulement par toutes les imaginations ardentes, par cette foule d'ambitions plus lettrées que fortunées, attendant honneurs et richesses de leurs écrits, de leur éloquence ou critiques, par toutes ces notabilités parlementaires et même électorales qui ont besoin d'étendre leur influence ou popularité, enfin par tout ce qui peut s'élever, se faire connaître ou se faire craindre au moyen de la publicité, mais encore les libertés ou licences dont il s'agit vont être défendues et protégées inprudemment comme essences ou conséquences indispensables du régime représentatif, par ceux mêmes qu'elles devraient le plus effrayer s'ils ne s'aveuglaient pas de leur côté, c'est-à-dire par les grandes fortunes territoriales mal à propos écartées de l'administration publique, et par les gouvernants enfin qui, ainsi que leurs opposants, pleins de confiance dans leurs talents de tribune et autres, ne voudront point reculer devant ce grand, ce général combat de paroles, au risque, souvent, de laisser leur réputation ou considération sur le champ de bataille.

La publicité étant ainsi demandée par tous ceux à qui elle profite et à qui elle nuit, voilà donc la société livrée de son propre mouvement ou par un aveuglement inconcevable, non pas aux plus dignes, aux plus vertueux ou aux plus modérés de ses membres, mais à tout ce qu'elle renfermera de plus avide, de plus exalté ou de plus passionné.

Par un excès de déraison ou contradiction, sous le vain prétexte d'être plus libre, on suspectera la royauté, les magistratures légitimement établies, sanctionnées par le temps et l'expérience, on renoncera enfin à toutes les garanties de moralité, de sagesse et de sollicitude qu'offriront ces divers pouvoirs, pour livrer ensuite, de fait, la discussion des affaires de l'Etat, à qui n'aura rien à conserver et à défendre, à des journalistes, à des hommes lettrés si l'on veut, mais qui peuvent manquer totalement d'expérience et de prudence, à l'aristocratie enfin la pire de toutes, la plus inconséquente et la plus incompatible avec toute idée d'ordre ou de stabilité quelconque.

De là un déchaînement général de passions aveugles; le pays se divisant ou se déchirant de ses propres mains, des ambitions désappointées et perverses, cherchant, dans leur exaspération, à égarer les masses, à aigrir la misère et à l'insurger contre la propriété et les positions légitimement acquises; de là encore ce dégoût, ce scepticisme général, ce découragement des âmes honnêtes et paisibles, ces liens sociaux rompus, ce relâchement dans la morale, ces croyances ou ces sentiments religieux mis en oubli chez la plupart de ceux qui devraient servir d'exemple au reste de la nation.

De là enfin cette désaffection, cette déconsidération ou ce discrédit jeté non-seulement sur tout ce qui s'élève en pouvoir, en réputation ou en influence quelconque, mais aussi sur toute décision, sur toute loi intervenue ou à intervenir, laquelle devant à l'avance être discutée publiquement et, par suite, critiquée sans mesure et sans justice, inspirera donc d'autant moins de confiance et de respect, qu'elle n'aura pas d'ailleurs été méditée ou élaborée par des hommes spéciaux, mais bien votée par des majorités législatives d'autant plus incapables ou ignorantes, évidemment, qu'elles seront plus nombreuses.

Pour en revenir aux tristes conséquences du mouvement de 89, il est vrai qu'une deuxième assemblée législative, aussi forte que possible, essentiellement distincte par son origine, ses droits, son âge, ses sympathies et ses intérêts divers, aurait peut-être sauvé la monarchie; mais cette espèce de contre-poids, indépendamment de la nouvelle complication qu'il apportait dans la machine gouvernementale, devenait, jusqu'à un certain point, illusoire comme on verra sous une réunion de supériorités ou de sommités incontestées et incontestables, c'est-à-dire sans pairie ou corps héréditaire, qui ne s'appuierait pas seulement sur des réputations acquises, sur des services rendus ou sur des illustrations plus ou moins passagères, mais qui serait, en outre, comme en Angleterre, la représentation fidèle ou l'expression réelle d'une aristocratie riche, puissante, éclairée, réunie par de grands intérêts communs, très-décidée, par suite, à se soumettre à une hiérarchie gouvernementale, qui, enfin, serait enracinée depuis longues années dans le pays, et dont surtout on ne se serait jamais déshabitué de respecter les priviléges de naissance et autres.

En un mot, la classe ou l'aristocratie, parvenue au pouvoir avant 1799, pouvait d'autant moins constituer un ordre de choses un peu stable, que ses membres, par leurs antécédents ou position première, se trouvaient moins contenus dans leurs débats passionnés ou dans leurs ambitions respectives par de puissants intérêts de famille, de naissance et autres.

Quant à l'idée si souvent reproduite que, dans un gouvernement représentatif, l'opinion publique est toujours en sentinelle pour maintenir chaque branche législative dans le cercle de ses devoirs, il est évident que cette omnipotence ainsi conservée à la voix de la nation, après que cette dernière aura délégué ses pouvoirs législatifs et autres ou se sera fait représenter d'une manière quelconque, il est évident, dit-on, que cette souveraineté imaginaire, chargée de surveiller la souveraineté réelle et constituée, n'a pu être inventée que par les journalistes et pamphlétaires qui s'en font les organes exclusifs, et qui, en cette qualité, ne manqueraient pas, au besoin, de faire commettre de nouveau, à cette opinion reine du monde, toutes les fautes, toutes les inconséquences dont elle s'est sans cesse rendue coupable, surtout depuis 1791 à 1799.

Pour résumer ou préciser des idées qu'il est peut-être bon de reproduire sous diverses formes, on voit que, la classe moyenne d'un pays s'emparant du pouvoir comme en 1789, il en résultera, il est vrai, une aristocratie de nouvelle espèce, présentant d'un côté ses qualités personnelles, des habitudes d'économie, d'ordre, de travail et autres conditions de vie et de durée, mais qui, d'un autre côté, sera exposée à différentes causes d'affaiblissement, de désorganisation et de démoralisation.

D'abord cette aristocratie légale sera en opposition avec l'aristocratie naturelle des fortunes anciennes ou héréditaires, et ne sera pas protégée, comme cette dernière, par les influences morales ou par les prestiges toujours plus ou moins puissants, quoi qu'on en dise, de la naissance, des souvenirs et des traditions en général; elle se séparera même, à la longue et par des motifs analogues, de ses propres sommités et notabilités au fur et à mesure qu'elles s'élèveront dans son sein.

Cette même aristocratie sera d'autant plus jalousée ou plus impatiemment supportée, et se montrera peut-être d'autant moins généreuse ou moins confiante, qu'elle se composera de parvenus, des égaux ou des inférieurs à ses gouvernés.

Elle aura d'autant moins d'autorité morale, qu'après avoir prêché la révolte ou s'être fait plus ou moins révolutionnaire pour supplanter la grande propriété, qu'après avoir ridiculisé ou transformé en erreurs et vains préjugés les opinions ou croyances conservatrices pour s'élever, elle sera ensuite obligée d'invoquer ces mêmes opinions pour résister aux classes inférieures dont elle aura sollicité l'appui, et qui ne concevront jamais que le pouvoir, ainsi enlevé aux supériorités anciennes, doive ensuite s'arrêter en chemin, et ne pas descendre jusqu'à elles ou jusqu'à la multitude appelée le vrai peuple ou le cœur de la nation.

Ayant sa fortune à faire, des besoins matériels à satisfaire, des parents ou amis nécessiteux à secourir, elle sera donc, à tort ou à raison, accusée de rechercher le pouvoir bien plus par nécessité ou par intérêt particulier que pour le triomphe ou le maintien des grands principes d'ordre.

Attirant naturellement à elle ou se recrutant sans cesse de tout ce qu'il y aura dans la nation de plus ardent, turbulent, audacieux, impatient et ambitieux, c'est-à-dire se composant par la force des choses, de toutes les avidités plus ou moins capables et actives qui, par suite, désireront se lancer, et pourront seules réussir dans les intrigues électorales et dans les discussions de tribune et de presse, l'aristocratie dont il s'agit ne pourra donc jamais commander le respect des peuples par la pureté ou l'austérité de ses mœurs en général, par la fixité de ses principes ou par l'ascendant de ses vertus.

Obligée, pour assurer son règne, de centraliser un peu son action gouvernementale, de se donner une unité de direction ou de se choisir un roi constitutionnel, ce dernier, naturellement, dans sa position élevée, devant tôt ou tard, ainsi que sa famille, nouer des relations fréquentes et suivies avec les hautes classes, il peut donc résulter de là un germe de défiance et de discorde entre les gouvernants et leur chef, dont l'hérédité, d'ailleurs, plus ou moins isolée ou non défendue par celle d'une portion de la législature, va être exposée à tous les orages révolutionnaires qui peuvent encore sortir d'un tel ordre de choses.

Cette même aristocratie ne pourra s'étayer sur les idées religieuses dont les consolations et l'appui sont surtout réservés à ces familles heureuses et vénérées, où la foi et la piété se transmettent avec le sang, et lesquelles, bien entendu, gémiront toujours sur le renversement des existences et des pouvoirs légitimes, sans jamais se présenter pour leur succéder.

En un mot, cette réunion de gouvernants présentera le spectacle affligeant de parleurs, de meneurs, de tribuns passionnés ou intrigants, souvent en division ou en défiance réciproques, se disputant entre eux les honneurs et la fortune sociale, c'est-à-dire les places, les marchés ou fournitures publiques, l'augmentation ou la diminution de tels impôts, de tels droits de douane, ou la rédaction de tels articles particuliers du budget, et qui tous, qui plus est, vont se croire obligés ou intéressés à demander le maintien de la licence de la presse comme un moyen d'action dont chacun espérera tirer meilleur parti que ses adversaires, et qui ne servira, en définitif, qu'à mieux étaler toutes les nudités ou misères mises en présence dans un tel ordre de choses.

Une telle aristocratie, avec l'assistance sincère ou avec l'association accidentelle et momentanée d'un roi éclairé, expérimenté, influent au dedans et au dehors par sa fortune, sa naissance, sa famille, pourra peut-être se maintenir quelque temps (surtout au milieu d'une paix générale qu'il importera, pour mille motifs, à l'Europe entière de ne pas troubler); mais ce ne sera point, malheureusement, sans donner à chaque instant des preuves de son imperfection, inaptitude ou impuissance gouvernementale. En effet, interrogeant ici des faits trop récents, on a vu, après les émeutes, les scènes de pillage et de vandalisme, les plus grandes villes même du royaume tomber au pouvoir des insurrections, la garde nationale des provinces, *appelée le pays armé pour la défense de ses lois*, désobéir ou tourner ses baïonnettes intelligentes contre son propre gouvernement, suivant qu'au jugement de chaque localité, tels ou tels intérêts particuliers se trouveront trop ou pas assez favorisés dans la législation actuelle.

A ces agitations ou désordres sociaux en ont succédé d'autres non moins effrayants, les perversités subalternes; et les plus misérables scélérats, à la vue d'une société jusqu'à un certain point déchirée de ses propres mains et comme mise au pillage, où chacun à son tour veut usurper la première place et faire triompher ses doctrines particulières, rêveront à leur tour leur élévation, leur triomphe, non pas au moyen de cette tribune qu'ils ne pourront pas aborder, ni de cette presse où ils ne pourront pas écrire, mais bien à l'aide d'assassinats ou d'affreux attentats d'autant plus méritoires, plus glorieux ou plus dignes de récompense à leurs yeux, qu'ils seront dirigés contre la personne même du souverain inviolable, ou qu'ils auront pour but de frapper plus au cœur l'ordre social établi.

Et quand, par la protection du ciel plutôt que par la prudence humaine, ces ennemis ou ces destructeurs de toute société se lasseront enfin ou ajourneront un instant leurs tentatives criminelles, alors l'aristocratie, que nous avons en vue, n'étant plus obligée de faire taire ses passions pour songer à sa propre défense, se chargera aussitôt, par ses intrigues ou divisions intestines, d'apprendre combien les factions politiques et même les scélérats avaient eu raison, en cherchant à s'emparer de la société, de compter sur la désunion, l'immoralité et la faiblesse du gouvernement qu'ils attaquaient.

Comme tous les électeurs et les députés ne pourront pas naturellement se trouver également satisfaits de la part d'influence, d'honneur et de pouvoir qui leur sera dévolue, il y aura coalition uniquement pour détruire, et sans aucun espoir de réédification, entre les oppositions de toutes les couleurs, entre les républicains et les absolutistes, entre toutes les ambitions enfin, et tous les mécontentements possibles. Et lorsqu'après un nouveau redoublement d'écrits injurieux, de discours de tribune et autres (qui, comme toujours, ne pourront rien contre les partis pris d'avance et dictés par des motifs d'intérêt ou d'ambition particulière), le corps électoral aura été appelé à prononcer sur cette anarchie de nouvelle espèce introduite au faîte de la société, ces électeurs, surveillants des députés, se trouvant, comme on devait s'y attendre, encore plus passionnés, moins éclairés et moins conservateurs que ces derniers, ne feront alors qu'ajouter aux intrigues ou scandales passés, en montrant, une fois pour toutes, ce qu'on doit attendre de leur prétendu contrôle souverain, qu'ils ne manquent pas cependant d'appeler le jugement du pays en dernier ressort.

De là, une démoralisation et une désagrégation de plus en plus croissante, et chez les gouvernants et chez les gouvernés, le journalisme, de plus en plus triomphant ou régnant par la terreur des diffamations ou des calomnies à défaut de celle des échafauds, s'emparant du ministère et du pouvoir pour ranimer aussitôt les espérances anarchiques du dedans et du dehors, et pour exposer, en cas de guerre, les immenses ressources d'une grande nation, aux dilapidations ou gaspillages plus ou moins inévitables, d'administrateurs inconsidérés, déconsidérés et désunis qui, par suite, ne pourront faire marcher les masses à leur secours sans s'en laisser aussitôt dominer ou sans tomber dans la démocratie pure.

## CHAPITRE 4.

**Coup d'œil général sur les différentes phases qu'a suivies la révolution de 1789 à 1814.**

Après 89, la classe moyenne, arrivée au pouvoir, ayant eu l'imprudence coupable de recourir à l'émeute pour triompher des résistances qu'elle ne pouvait pas ne pas rencontrer dans les droits antérieurs ou dans les intérêts subsistants, la populace ou les éléments premiers de ces émeutes ne tardèrent pas alors à s'apercevoir, comme les anciennes gardes prétoriennes de l'empire romain en décadence, qu'ils vendaient la puissance publique, ou plutôt qu'ils étaient devenus les seuls et véritables souverains du jour; de là résulta une démagogie effrénée, délirante et sanguinaire, qui surpassa, en extravagances et en cruautés, tout ce qu'on aurait pu imaginer même dans un état complet de barbarie; de là toutes ces factions destinées à s'entre-détruire, et qui, s'appelant chacune à son tour le peuple souverain, voulaient tous les jours sauver la patrie à leur manière, c'est-à-dire s'emparer de la suprême puissance en exterminant leurs adversaires.

Les constitutions de 1791, 1793, 1795 et 1799 étant jusqu'à un certain point la traduction de toutes les erreurs, folies ou absurdités, de toutes les actions, réactions ou vicissitudes de l'époque, il convient donc de nous arrêter d'abord un instant sur ces quatre monuments destinés à éclairer l'histoire du temps.

La constitution de 1791, résumé de la philosophie politique du dix-huitième siècle, forme comme un répertoire d'abstractions métaphysiques à l'usage de tous les utopistes passés, présents et futurs, qui, malgré tant d'expériences malheureuses, persisteront encore à croire, ou qui, dans tous les cas, se trouveront intéressés à faire croire qu'une nation va renoncer sur-le-champ à ses mœurs ou à toutes ses habitudes prises, qu'elle va devenir parfaitement sage et parfaitement raisonnable à la simple vue ou à l'audition de principes ou subtilités politiques (lesquelles, souvent, ne seront pas même comprises par leurs propres auteurs), et que surtout les pouvoirs publics vont se déplacer en réalité ou changer de mains aussi facilement dans l'application d'une charte que dans la rédaction sur le papier de cette dernière.

Après 89, comme on a vu, l'équilibre était rompu de fait entre la puissance royale et celle de la nouvelle aristocratie bourgeoise élevée au pouvoir. Tout ce qu'on pouvait écrire ou ajouter dans la constitution de 91, les droits de dissolution et autres qu'on pouvait encore accorder au roi, ne devaient donc pas, suivant toute vraisemblance, sauver la monarchie.

Il y aurait ici, dans tous les cas, bien des remarques à faire sur cette constitution de 91, notamment sur cette abstraction de souveraineté populaire d'abord posée en principe ou considérée comme la source de tout pouvoir public, et que cependant les constituants déclarent ensuite de leur propre autorité ne devoir être exercée que par des délégués qu'ils désignent eux-mêmes (ce qui était évidemment reprendre le principe accordé), sur ces deux pouvoirs législatifs qui devaient toujours se respecter, s'accorder et surtout ne pas se dominer l'un l'autre, bien qu'il n'existât aucun tribunal supérieur pour veiller au maintien de cette union et convention, sur ce prétendu pouvoir exécutif qu'on disait isolé de celui législatif, et que ce dernier cependant organisait et désorganisait à son gré, en accordant ou refusant les dépenses ou fonds nécessaires, en faisant le procès des ministres ou des agents administratifs, sur ce prétendu pouvoir royal qui devient une dérision quand il ne doit s'exercer que par l'intermédiaire de ministres justiciables des députés, sur cette inviolabilité de la personne du roi qui existera d'autant moins, en réalité ou en pratique, qu'on la recommandera davantage sur le papier ou en théorie. Mais comme plus tard nous examinerons en détail les chartes de 1814 et 1830 qui sont censées être des perfectionnements de l'œuvre de 91, il est donc inutile, pour le moment, d'insister davantage sur les contradictions, niaiseries et inanités de cette dernière.

Passant maintenant au paroxisme révolutionnaire de 93 et 94, nous trouvons, à cette époque d'affreuse mémoire, les anarchistes dans leur féroce délire, plus logiques peut-être ou plus conséquents que leurs prédécesseurs, lorsque du moins avouant franchement leur dictature sanglante, ils déclarent gouverner révolutionnairement, c'est-à-dire, sans gouvernement ou sans règle, en faisant ainsi justice de toutes ces constitutions dont les articles se détruisaient ou se contredisaient les uns les autres, de toutes ces abstractions ou subtilités métaphysiques (y comprise la souveraineté du peuple), sur lesquelles on avait vainement cherché à édifier auparavant un gouvernement quelconque.

Le régime de la terreur ayant dû expirer sous ses propres fureurs, tant d'actions violentes ayant, comme toujours, amené des réactions, on songea donc, en 95, à s'affranchir des sociétés populaires, ou à sortir du chaos révolutionnaire où l'on était plongé.

Une cruelle expérience avait déjà démontré, il est vrai,

qu'en 1789, on avait pris des chimères pour des réalités, qu'on avait édifié sans base; mais ce n'était qu'à l'aide du temps et des circonstances, que la société, après de tels égarements et déchirements, pouvait se reconstituer un peu solidement.

Conformément à certaines opinions émises en 1789, on établit deux assemblées législatives au lieu d'une seule; on créa un directoire exécutif; mais, comme tous ces pouvoirs émanaient de la même source, en continuant à former ainsi une espèce de convention analogue à la précédente; comme ils ne présentaient pas des différences suffisantes dans leurs droits ou intérêts divers, comme d'ailleurs les éléments passionnés de ces pouvoirs n'étaient pas assez fortement intéressés par leur position ou fortunes antérieures, à se proposer et à maintenir, avant tout, un gouvernement quelconque; comme d'ailleurs l'émeute, les sociétés populaires, conservaient leur influence subversive, que tous les constituants de 91, leurs successeurs, leurs adhérents, et autres intéressés à ce qui venait de se passer, ne pouvaient pas renoncer subitement et entièrement à leurs idées, habitudes ou avantages acquis, ni s'exposer à des réactions et vengeances contre-révolutionnaires, l'anarchie, par tous ces motifs et autres, dut donc se perpétuer de 95 à 99, moins sanglante, moins féroce, il est vrai, mais avec toutes les iniquités et concussions, avec tous les égoïsmes, cynismes et bassesses que présentera constamment, à la suite de convulsions sanglantes, une nation dont on aura ainsi rompu les liens sociaux, ou dont on aura brisé violemment et brusquement tous les ressorts moraux.

De tout ce qui précède, hâtons-nous de conclure que ces assemblées législatives, qui, dit-on, doivent représenter le vœu général, ne se composent jamais d'anges descendus du ciel; que, puisées dans les classes moyennes (et même dans celles supérieures très-fortement intéressées à l'existence d'un pouvoir fort), elles oublient, dans ces deux cas, les besoins de l'état devant leurs tendances ou passions particulières; que les amours-propres ou susceptibilités humaines, que les intérêts physiques et moraux, étant ainsi mis constamment en présence, il en naîtra, non des lumières, ou cette heureuse fusion des volontés, comme on a eu la bonté de le supposer, mais bien des divisions, des disputes, des rivalités ou luttes sans cesse croissantes, jusqu'au moment où le plus fort pourra renverser le plus faible; enfin, il ne résultera de ce prétendu équilibre de pouvoir qu'embarras ou confusion, que faiblesses, passions, nudités et misères de toutes sortes.

Chose vraiment singulière, nos théoriciens politiques, ainsi qu'on l'a déjà observé, semblent d'abord employer un art et une habileté extraordinaires à organiser leur mécanisme constitutionnel, ou à réaliser de prétendues pondérations d'autorités, et puis ils oublient que tous ces droits respectifs, combinés avec tant de peine au faîte de l'édifice social (là où il ne peut plus exister de pouvoir supérieur), ne seront surveillés ou maintenus par personne; autrement dit, ils rédigent un contrat sans s'inquiéter s'il existe ou s'il n'existe pas un tribunal quelconque pour en assurer l'exécution. Qu'on imagine, par exemple, deux ou trois personnes seules au monde, pourraient-elles alors enchaîner irrévocablement leurs trois volontés futures par des pactes écrits et jurés? Dans tous les cas, est-ce que l'abus de la force serait prévenu par ce pacte et serment, lorsque l'une d'elles pourrait facilement, ou sans danger, asservir les deux autres? Or, une constitution qui place tout à fait au sommet de la société, sans responsabilité, par suite des souverainetés rivales, égales en droit, à vues semblables ou dissemblables, et dans tous les cas, excitées par des passions diverses, non-seulement s'expose ainsi à une négation de gouvernement, ou à n'obtenir ni marche ni direction un peu déterminée pour ce dernier, lorsqu'aucune des autorités régnantes ne pourra acquérir une certaine prépondérance sur les autres; mais elle organisera elle-même, chez ses propres législateurs, l'anarchie, une guerre intestine avec toutes les impuissances, les hypocrisies, immoralités, mensonges, perfidies, et autres scandales qui en seront la suite.

Inutile d'ailleurs de répéter ici que si l'être abstrait, appelé opinion publique (et qui le plus souvent ne sera que le journalisme régnant), savait et pouvait ramener sans cesse l'ordre au milieu de cette confusion d'autorités en lutte, il n'aurait donc pas été besoin, dans ce cas, de substituer à l'action unique et infaillible de ce guide ou de cette prétendue reine du monde, des assemblées électorales, des représentations nationales, puisqu'un roi unique n'aurait pas pu de son côté ne pas obéir à son impulsion irrésistible, en évitant alors toutes ces complications gouvernementales, dont nous signalerons plus tard les nombreux inconvénients.

Continuant notre sujet, et arrivant à 1799, les essais gouvernementaux tentés depuis dix ans, devaient alors être jugés par la partie la plus sage de la nation; aussi, malgré les nombreux intérêts compromis ou engagés dans la révolution depuis 89, malgré les bouleversements des positions et des fortunes amenés par la vente des biens dits nationaux, et autres causes, malgré les réactions à craindre à la suite de toutes les spoliations consommées, la plupart des esprits fatigués de tant d'excès, ou désabusés de tant d'erreurs, auraient peut-être reporté leur pensée vers la famille détrônée, si un chef militaire, déjà l'objet de la confiance et de l'admiration générale, n'avait pas alors rallié la grande majorité des opinions et des intérêts en présence, en promettant ce prompt rétablissement du pouvoir et de l'ordre public, après lequel aspirait la société depuis trop long-temps tombée en dissolution.

Sans doute, il y eut dans cette occasion une nouvelle violation textuelle de la constitution du jour, mais la royauté légitime étant abolie depuis 89 ou 90, les factions se disputant ou s'arrachant tour à tour le pouvoir, on ne pouvait donc plus adresser des reproches d'illégalité ou d'usurpation à l'homme le plus grand de l'époque, ou à la supériorité la plus incontestée et la plus incontestable, qui, ralliant ou conciliant le plus grand nombre, qui, pouvant seule ramener l'ordre et la paix au milieu du chaos révolutionnaire, était donc ainsi seule en droit, pour le salut commun, de remplacer l'autorité légitime renversée depuis dix ans par d'autres que par lui.

Avec un peu plus de patriotisme et de raison, tous les gouvernants d'alors devaient donc, sans exception, aller eux-mêmes au-devant du génie guerrier, si heureusement trouvé pour terminer l'anarchie du jour, et dont l'avénement allait ainsi consolider et améliorer toutes les positions acquises, en commençant par celle des réformateurs, aussi méritants qu'auraient été ceux dont il s'agit, destinés alors, par droit de possession, à garder les premiers rangs sous le nouveau régime à établir.

Nous ne cesserons de répéter, il est vrai, que tout pouvoir consacré par l'ancienneté ou par un consentement tacite (lequel, à défaut de cette volonté nationale qu'il est impossible de faire expliquer, sert à établir la véritable légitimité), que ce pouvoir, disons-nous, doit être supporté même dans ses plus grands écarts, avant de songer aux insurrections, c'est-à-dire à des remèdes toujours pires que les maux qu'on veut corriger ; mais, puisque la France, en 89, avait eu l'imprudence et le malheur de briser violemment son ordre social, pour laisser ensuite le pouvoir public comme en proie aux ambitions et passions les plus aveugles et les plus effrénées, comme les lois, l'honneur et la fortune du pays, étaient, pour ainsi dire, mis au pillage, au milieu d'un pareil désordre, Napoléon, appuyé sur ses antécédents militaires, pouvait donc, nonobstant la lettre de vaines et absurdes constitutions, si souvent violées avant son avénement, déclarer à tous ses opposants qu'il était le chef légitime de la nation, parce qu'il en était dans ce moment le membre le plus puissant, et surtout le plus en position et le plus capable de rétablir la paix et la prospérité générale.

Etait-ce, en effet, aux régicides, aux anarchistes, aux rédacteurs, fauteurs, exploitants, et violateurs continuels des constitutions de 91, 93 et 95, à venir opposer la légalité, en 99, à celui qui devait et pouvait réparer seul tous les maux publics qu'ils avaient causés? Quant aux utopistes de bonne foi, aux idéologues ou autres partisans non convertis de la métaphysique libérale de 89, comment pouvaient-ils encore reproduire leurs rêves philanthropiques, leurs déclarations des droits de l'homme, et autres puérilités plus ou moins dangereuses, après tout ce qui s'était passé?

Le principe de la légitimité a été violé, dira-t-on peut-être, à l'égard des Bourbons qui vivaient encore. A ce reproche, on peut répondre que Napoléon, ayant trouvé le pouvoir, sinon vacant depuis dix ans, mais usurpé, disputé et, dans tous les cas, très-mal occupé, il pouvait donc penser de bonne foi que sa souveraineté militaire était devenue désormais indispensable ou la seule possible en France, par suite de la défiance des intérêts nouveaux, ou de leur état d'hostilité avec l'ancienne dynastie.

Quoi qu'il en soit, le gouvernement consulaire, légitime ou non, rendit, après 1799, des services éminents au pays, en rétablissant aux acclamations générales, et avec un succès et une promptitude inespérée, l'ordre dans toutes les branches de l'administration publique, en rendant à la France son culte, sa paix, sa prospérité intérieure et sa prépondérance à l'extérieur, en organisant les tribunaux, les finances, la levée des impôts, celle des hommes nécessaires au recrutement de l'armée, et surtout en la dotant de nouveaux codes, chefs-d'œuvre de législation, que n'enfanteront jamais des assemblées législatives agitées par les passions (et où les décisions prises à la majorité, comme on a dit, seront ainsi de fait enlevées au petit nombre de spécialités qui devraient en être seules chargées).

Pour réaliser d'aussi grandes choses, pour rétablir ces habitudes d'ordre et de soumission gouvernementale, qu'avait entièrement détruites la précédente révolution, et dont plus tard les régimes constitutionnels en particulier devaient avoir si grand besoin, il fallait non-seulement l'activité, la fermeté et le génie personnel de Napoléon, ses antécédents, la confiance qu'il inspirait au peuple et à l'armée, mais encore cette unité, cette promptitude, cet esprit de suite, qui n'existeront jamais avec des souverainetés pondérées, c'est-à-dire, avec un ensemble compliqué de pouvoirs rivaux déconsidérés, annihilés, neutralisés ou déchirés les uns par les autres.

Si le premier consul de 99, ou l'empereur de 1804, à toutes ses aptitudes gouvernementales, avait heureusement réuni les droits de naissance, sans lesquels il sera toujours si difficile de commander le respect des peuples, de se concilier ou de s'associer les noms et les fortunes anciennes, ou les influences héréditaires de la société; si, père de nombreux enfants, il avait pu à son avénement prévenir les attentats dont il a été l'objet, en désespérant ses assassins ; si enfin, comme il l'a dit lui-même, ce grand homme avait pu naître son fils ou son petit-fils, ces circonstances changeant alors ses rapports avec les monarchies voisines, modifiant ou adoucissant, par les sentiments intérieurs de famille, une volonté peut-être trop inflexible, auraient probablement consolidé et sauvé sa dynastie, en épargnant d'ailleurs à l'Europe de longues et sanglantes guerres.

Sans doute, les dernières années du règne de Napoléon, comme de celui de Louis XIV, deviennent, jusqu'à un certain point, la condamnation des régimes trop absolus ; mais on peut répondre à ceux qui, après le retour des Bourbons, déclamèrent avec tant de violence contre ce qu'ils appelaient le despotisme sanguinaire de l'ex-empereur, contre sa sévérité implacable ou ses prétendues cruautés, que lorsqu'on se trouve ainsi engagé dans des entreprises aussi nombreuses que gigantesques, obligé, en présence de si grands événements et de si terribles nécessités, de faire face à l'Europe entière, on doit alors suivre d'autres règles de conduite que des hommes privés qui n'ont pas à répondre de la sécurité ou du bonheur de plusieurs nations ou de millions de leurs semblables, et surtout on ne peut être jugé et condamné, même après les plus grands revers, par d'injustes réactionnaires, déserteurs, mécontents ou ingrats du pouvoir qui tombe, flatteurs intéressés de celui qui s'élève.

Au reste, était-il donc si despote, si arbitraire ou si ennemi du genre humain, celui qui, mieux que tous les gouvernements constitutionnels du monde, passés, présents ou futurs, aura appliqué le principe de la capacité ou de la spécialité dans tous les emplois publics, sans distinction de rang ou de naissance ; celui qui s'est montré le vrai soutien de l'égalité et de la liberté, entendues comme elles doivent l'être, dans les détails ou dans les relations privées de la vie; celui qui a mis fin aux brigandages ou dilapidations administratives, qui a réparti les charges publiques de manière à les rendre le moins onéreuses possibles, qui enfin, dans des codes admirés de tous les pays, dans des lois à la fois fortes, sages, libérales et morales, sur les successions, le mariage, la famille, sur tous les actes enfin et transactions sociales, ne s'est pas borné, comme nos philanthropes de 89, à parler fastueusement de liberté et d'égalité; mais ce qui était plus difficile et plus méritoire, a tâché de réaliser ou d'appliquer ces principes, autant qu'ils pouvaient l'être, pour toutes les classes de la société indistinctement?

Forcé à tout moment de défendre et sa personne et son empire contre mille attaques intérieures et extérieures, ayant à répondre des destinées de tant de peuples soumis à sa puissance, le souverain guerrier, homme d'action surtout, et non de parole, a pu parfois, comme Alexandre, trancher le nœud gordien, opérer militairement, et briser, sans beaucoup de ménagement, les obstacles rencontrés sur ses pas; mais, pour juger et peser une pareille vie, quelle main assez forte tiendra la balance? qui pourra surtout pénétrer tous ces desseins publics ou cachés, ou toutes ces raisons d'Etat qui, dans chaque occasion, ont commandé et probablement justifié tous les actes blâmés ci-dessus?

On a reproché à Napoléon ses majorats, sa noblesse ou des institutions aristocratiques destinées à fixer ou à lester, comme il le disait lui-même, le vaisseau de l'Etat; mais de ce que le bonheur et la sûreté publique exigeaient impérieusement l'hérédité impériale, cette dernière pouvait-elle, sans danger, rester seule et isolée au milieu des préjugés, jalousies ou inimitiés qu'elle faisait naître?

Au reste, à quoi se réduisait, on le demande, l'inconvénient de quelques propriétés immobilisées, vis-à-vis cette importante nécessité de consolider ou de conserver le trône? Et quant à cette noblesse destinée à combler l'espace qui, dans la hiérarchie sociale, semble séparer le monarque du reste de la nation, est-il donc prouvé que ses avantages politiques le cèdent à ses défauts, à ses abus possibles, et notamment à cette nouvelle et fâcheuse inégalité sociale qui en résultera aux yeux du philosophe.

Pour en revenir aux guerres malheureuses de Napoléon, admettons que ce dernier, dans sa politique, s'est laissé entraîner par une humeur trop guerrière, par une trop grande confiance dans la fortune de ses armes, qu'il a été aveuglé par la passion ou le sentiment trop exagéré de ce qu'il appelait la gloire de la France; dans ce cas, avant de condamner son gouvernement, ne doit-on pas se demander si, même après 1810, il y a jamais eu possibilité de lui associer ou de lui substituer des assemblées représentatives avec un espoir raisonnable de remédier aux dangers ou aux maux du moment.

Certes on ne peut pas, comme on sait, changer d'un jour à l'autre l'administration d'un vaste pays, aussitôt que l'opinion croira reconnaître des fautes commises, et surtout aussitôt que le succès, à la suite d'obstacles imprévus, ne sera pas venu justifier ou couronner les entreprises le mieux combinées; mais, en supposant qu'il y eût facilité et justice à agir ainsi, la France, engagée en 1812 dans une lutte terrible, devait-elle, on le demande, recourir à l'intervention de représentations nationales? Evidemment non. L'unité du pouvoir était devenue plus que jamais nécessaire dans ce moment critique, conséquence de tout ce qui avait précédé, et son empereur seul devait la sauver de l'invasion si elle avait pu l'être. Combien on est péniblement affecté quand, après le retour de Moscou et lorsqu'il restait encore à l'empire des moyens de repousser l'ennemi, on voit des députés, honorables d'ailleurs, venir, au moment des revers, rompre imprudemment un silence gardé pendant tout le temps de la prospérité, ressusciter, en 1812, la vieille école constitutionnelle de 89, comme pour briser le faisceau des volontés ou des forces nationales, en ramenant, avec les délibérations, avec les discussions politiques, et, par suite, avec le dévergondage de la liberté de la presse, toutes ces divisions, ces faiblesses, infirmités et misères qui devaient sortir de nouveau de cette brusque et intempestive explosion, de ce qu'on appelle l'opinion publique.

Mais, dira-t-on, le despotisme impérial avait passé toute mesure, la France, épuisée et sans crédit, était réduite à la dernière extrémité, il fallait enfin mettre un terme à un régime aussi violent et aussi malheureux; sans doute un pays tout entier ne peut pas rester, corps et bien, à la merci d'un chef militaire quelque grand qu'il puisse être, et répandre jusqu'à la dernière goutte de son sang pour défendre ce qu'il appellera sa gloire militaire, et qui, quelquefois, ne sera qu'une erreur, une obstination ou un aveuglement personnel, mais les victoires gagnées avant l'invasion de 1814, sont là pour attester qu'avec de l'union, du patriotisme et de la confiance dans le souverain, il était encore possible de tout sauver, sauf à réserver pour plus tard des remontrances nationales ou exemptes de danger que Napoléon, plus que tout autre, savait rechercher au besoin et mettre à profit dans l'intérêt de son empire.

Enfin, pour terminer le présent chapitre, devançons le jugement impartial de l'histoire, et déclarons que l'usurpation de Napoléon, en 1799 (si toutefois on peut lui donner ce nom), a été aussi légitimée que possible par toutes les circonstances réunies; qu'autant la révolution, l'étrange et imprudente émancipation ou plutôt la dissolution générale d'une grande société en 89, a été menaçante pour le repos du monde, autant l'avénement du premier consul au pouvoir a dû être rassurant pour la consolidation des trônes ou pour le maintien des bienfaits de la civilisation de l'époque. En effet, tandis que les constituants de 89 ont trouvé devant eux une royauté et un ordre établi, et que, suivant nous, les siècles avaient sanctionnés et légitimés bien autrement que ne pourront jamais le faire même des majorités de suffrages universels, acquises d'avance à tous les tyrans qui voudront se donner la peine de les obtenir; tandis que ces novateurs, en présence de cette monarchie, de cette religion bien plus inviolable alors dans les mœurs que sur le papier, de leurs vaines constitutions, en présence de ces croyances et traditions qui pouvaient seules continuer à hiérarchiser le pays ou empêcher sa dissolution et désagrégation générale, n'ont pas craint d'arracher, au moyen de coupables insurrections, les lois nécessaires à leur usurpation, en même temps que, par une multitude d'écrits et de discours subversifs, ils transformaient en préjugés et fanatisme le respect accordé à la naissance, au culte, à toutes les opinions enfin, ou à tous les sentiments nationaux qui contrariaient leurs projets destructeurs; Napoléon, au contraire, environné de ruines, n'a pas cessé, depuis 99, de reconstruire, pierre à pierre, tout l'édifice social avec ce génie puissant, actif, infatigable qui méritait tant d'être récompensé par une meilleure fin.

Sans doute, ce grand homme ne mettait pas plus d'importance que nous aux suffrages universels ou à ce prétendu consentement qu'on semble parfois demander aux nations, et qui n'est presque toujours qu'un mensonge à l'usage des gouvernements qui ne peuvent se faire légitimer, ni par le temps, ni par leurs vertus ou bienfaits évidents, mais en faisant sanctionner ses titres de consul et d'empereur par plus de trois millions de votes contre trois mille opposants au plus, il désirait sans doute, une fois pour toutes, confondre par leur propre doctrine les partisans de la souveraineté populaire, si toutefois les utopistes de l'école de 89, une fois bien pénétrés de leur chimère, pouvaient jamais renoncer à croire à leur gouvernement de la nation par la nation, à l'union et à la sagesse du peuple assemblé, au triomphe infaillible et unanime chez ce dernier des beaux principes de morale et de liberté, ainsi de suite.

La création des préfets, l'organisation des cultes, la légion d'honneur, le consulat à vie, l'empire, l'érection des duchés, grands fiefs, la suppression du tribunat, l'interprétation des lois données au gouvernement, les juges déclarés inamovibles après cinq ans, les titres impériaux, la création des juges auditeurs, celle de l'université, telles sont les mesures que le grand régénérateur de l'époque croit devoir successivement adopter, pour centraliser et consolider le pouvoir d'abord, pour ensuite travailler efficacement au bonheur et à la prospérité de la France, notamment pour la doter de ces codes pleins des idées les plus sages de moralité, de liberté ou d'égalité, et que tous les gouvernements constitutionnels n'auraient peut-être pu produire, ni surtout appliquer à toutes les classes de la société.

Ceux qui ont accusé ce héros législateur d'avoir tout sacrifié à son égoïsme, à son caractère indomptable ou à ses passions personnelles, oublient donc que ce qu'il croyait l'intérêt, l'honneur et la gloire de la France, devenait sur-le-champ l'objet exclusif de toutes ses pensées, qu'il se dévouait entièrement aux soins de son empire, qu'il ne vivait, qu'il ne respirait que pour son grand peuple, qu'il allait pour lui volontairement braver la mort sur les champs de bataille, et qu'enfin, dans cette désastreuse campagne de Moscou, origine de ses malheurs, il avait quitté palais, femme, enfant, richesse et honneurs suprêmes, toutes les jouissances enfin physiques et morales qu'il est donné à l'homme de posséder sur la terre, et cela pour se jeter dans les déserts glacés de la Russie, et y affronter toutes les privations et dangers imaginables.

Sans doute, ce grand homme a pu payer aussi son tribut à l'erreur et à la faiblesse humaine, commettre des fautes dans sa politique intérieure et extérieure; mais, on le demande, des élections populaires pourront-elles jamais élever à la tête de l'état des chefs temporaires, prêts à se sacrifier ainsi moralement et physiquement à ce qu'ils croiront être l'honneur et la prospérité de leur empire? Il n'est donné qu'à la royauté héréditaire, quoi qu'on en dise, de gouverner ainsi les nations. Cette institution monarchique, en identifiant l'état et son représentant unique, peut seule en effet produire des Napoléon, des Louis XIV ou des souverains qui, au faîte de la puissance, de l'opulence et des grandeurs, ne cesseront point pour cela de se livrer aux travaux les plus pénibles, ou de consacrer toute leur activité morale et physique aux soins de leur empire. Ces princes, dans leurs entreprises, sont naturellement exposés à des chances malheureuses, et peuvent éprouver des revers inséparables de la grande mission qui leur est confiée; mais les approuver, les encourager et les applaudir dans leur prospérité, puis les abandonner quand ils sont trahis par la fortune, en les rendant responsables des événements les plus imprévus, ce serait alors la condamnation irrévocable de cette opinion prétendue si infaillible, et qui, incapable d'apprécier ainsi les services rendus, ou de rendre justice à qui elle est due, ne pourrait donc pas, à plus forte raison, gouverner avec ses représentations nationales, son journalisme et autres organes qu'on lui connaît.

Sans doute Napoléon, au faîte de la puissance, aurait pu rendre le trône à ses anciens rois, mais on n'est pas sûr que ce patriotisme ou ce désintéressement plus ou moins inouï eût pu sauver la France, en la préservant à la fois et des déchirements intérieurs et des guerres extérieures.

Enfin, si Napoléon a cessé un instant d'être réellement grand, c'est lorsqu'en 1815, après son abdication volontaire ou forcée, il rentra en France appuyé sur ces mêmes utopies ou idées révolutionnaires qu'il avait su si bien comprimer ou combattre dans l'intérêt des trônes et des peuples, en se faisant ainsi, à son tour (lui, le régénérateur par excellence du siècle), un usurpateur vulgaire, invoquant la souveraineté populaire pour renverser la légitimité qui venait d'être solennellement rétablie, et qui, bien entendu, malgré des erreurs et des fautes commises, ne s'était point encore rendue indigne de gouverner la France.

Quant à la question de savoir si le despotisme ou le régime absolu de Napoléon a dépassé les limites raisonnables, si ce qu'on a appelé le mutisme et le servilisme des législateurs et surtout du sénat n'ont pas été un malheur pour la France, il est permis d'en douter après les grandes œuvres ou faits consommés, après, surtout, ces importantes améliorations législatives et administratives que les systèmes constitutionnels de 1814 et suivants avaient tant besoin de trouver en pleine activité, ou consenties par une longue habitude, pour ne pas montrer alors leur faiblesse et peut-être leur impuissance d'organisation.

Cette excessive concentration du pouvoir impérial sur une seule tête, il est vrai, jointe à cet enchaînement d'entreprises colossales ou de conquêtes à conserver, ne tenait peut-être pas assez compte de la faiblesse ou de l'inexpérience possible des successeurs de Napoléon ; mais la famille de ce dernier, son influence, ses alliances au dehors devant s'étendre au fur et à mesure que les difficultés du gouvernement fondé disparaissaient, le grand empereur pouvait donc, raisonnablement, espérer ne pas léguer à ses héritiers un fardeau trop au-dessus de leurs forces.

Enfin, on a rendu Napoléon responsable de cet état de guerre continuelle, et, par suite, de cette baisse du crédit, de cette gêne ou de ce malaise commercial, et surtout de ces immenses sacrifices d'hommes et d'argent supportés par la France avant 1814 ; mais, succédant aux gouvernements révolutionnaires, ce héros pouvait-il d'abord ne pas conserver et même ne pas agrandir, en cas de collisions nouvelles, les conquêtes opérées avant son avénement au trône? était-il, en un mot, dans la nature d'un guerrier de ne pas répondre, même au prix de son sang, de ce précieux dépôt de gloire nationale qui lui était confié? et puis, on le demande, est-il bien avéré maintenant que la France, sortie de ses ancienne limites, pût jamais espérer une paix durable avec des voisins froissés et humiliés, que par suite Napoléon, peut-être malgré lui, a été sans cesse obligé de surveiller, d'effrayer, et finalement de vaincre dans les cas fréquents de guerre qui devaient résulter d'un tel état de choses?

## CHAPITRE 5.

**Chute de Napoléon. Quelques Critiques préliminaires de la Charte de 1814.**

Nous voilà arrivés en 1814, à la chute de Napoléon; comme l'ennemi vainqueur voulait se débarrasser de son redoutable ennemi, ou eut de nouveau recours à ce répertoire de principes révolutionnaires tenus en réserve depuis 89, et qui semblent devoir servir désormais au renversement de tous les gouvernements qui auront le malheur de ne pas être les plus forts.

Napoléon, enfin abandonné par la victoire, se trouva alors dûment atteint et convaincu d'avoir violé la constitution, de s'être livré à des actes arbitraires ou d'avoir rompu son pacte avec la nation. En se chargeant lui-même de cette accusation si peu généreuse, en remplissant une mission plutôt étrangère que française, le sénat, dit conservateur, qui avait constamment servi ou adoré la puissance de son empereur, apprenait de nouveau au monde ce qu'on doit attendre des assemblées délibérantes ainsi associées à la monarchie héréditaire.

Armées de la parole, de la liberté de la tribune et surtout de celle de la presse, alors elles entraveront et embrouilleront tout; divisées en coteries ou factions, elles se disputeront le pouvoir en montrant dans leurs discours, non plus de raison et de justice parfois, que les émeutiers vulgaires dans l'emploi de la force brutale.

Réduites, au contraire, à voter les lois en silence comme du temps de l'empire, elles épieront l'instant où le souverain, dévoué au service de l'Etat, aura le plus besoin de leur concours, pour revendiquer alors une plus grande part de puissance, pour réclamer contre leurs prétendus droits méconnus, pour enfin songer, non pas aux dangers du pays menacé, mais bien à l'accroissement légitime ou illégitime de leur autorité. Dans les deux cas, ces assemblées parlantes ou silencieuses ne manqueront jamais de renverser la royauté, et de se faire immoralement et illégalement constituantes au nom de la patrie en danger, avant ou après les insurrections, et sous mille prétextes si faciles à imaginer, toutes les fois que cette royauté, qu'elles étaient appelées à seconder ou à défendre, aura perdu, par l'effet de quelques circonstances, non pas ses droits évidents, mais ce qui lui était beaucoup plus essentiel, la force nécessaire pour se maintenir.

Mais, sans nous arrêter sur ces malheureuses facilités, ces déplorables raisonnements ou ces longs et pompeux réquisitoires, tout rédigés d'avance, qu'offrent les doctrines constitutionnelles, pour intenter le procès à tout souverain qui ne pourra plus se défendre, et qui, comme tel, n'aura pas manqué de violer les libertés et les droits imprescriptibles de la nation. Sans montrer ici, sous les régimes dits représentatifs, le trône, ce centre ou cette source de tout ordre social, non-seulement exposé, comme à l'ordinaire, aux usurpations ou luttes intérieures des familles princières, mais encore aux jalousies des assemblées rivales, d'autant plus dangereuses ou moins retenues dans leurs ambitions ou passions diverses, qu'elles seront plus nombreuses et moins responsables par conséquent de leurs actes, sans enfin rappeler ici cet amas de reproches, de récriminations, d'injures, de diatribes auxquelles ne peut manquer d'être en butte le souverain déchu d'un vaste pays, lorsque ses successeurs imprudents laisseront ainsi compromettre le pouvoir présent par la critique injuste de celui passé, par toutes les attaques des mécontentements que ce dernier n'aura pu éviter, ou des ambitions qu'il n'aura pu entièrement satisfaire; en un mot, sans reproduire ici le spectacle des réclamations ou réactions politiques non moins déplorables souvent que celui des révolutions proprement dites, nous allons, sans plus tarder, examiner la charte donnée par Louis XVIII, à sa rentrée en France.

Cette constitution, il est vrai, ne prend point sa source ou son point de départ dans cette souveraineté populaire proclamée avec tant d'emphase en 91, et qu'un instant après on déclara inapplicable à moins de délégation, et qu'ensuite on éluda ou supprima, en réalité, en lui donnant dorénavant, pour organe définitif, une certaine majorité électorale ou certains représentants privilégiés et désignés à l'avance, mais après avoir posé en principe la non interruption du règne des Bourbons (nouvelle abstraction, fiction ou mystère politique dont il était inutile de parler et qui ne devait point faire changer les couleurs nationales), l'acte dont il s'agit reproduisit jusqu'à un certain point les errements, les inanités, les inconséquences ou déceptions de l'école politique de 89.

En effet, elle commence, dans les douze premiers articles, par consacrer, comme à l'ordinaire, ce prétendu droit public des Français, en prononçant de nouveau ces grands et vains mots d'égalité devant la loi, ainsi que dans la répartition des charges publiques et dans la distribution des emplois, ceux de liberté pour les individus, les religions et les opinions, recommandations oiseuses qui, comme les promesses de respecter les personnes et les propriétés, autant que possible, de n'exproprier que sauf indemnité préalable, de sanctionner les ventes nationales et autres transactions consommées, de pardonner les votes émis contre la dynastie rétablie, et de rendre désormais la levée des hommes la moins vexatoire possible ; qui, comme la promesse banale enfin de gouverner avec justice, formeront naturellement le langage obligé de tous les gouvernements, de toutes les restaurations nées et à naître, ou de tous les souverains passés, présents ou futurs, qui voudront remonter sur leur trône.

Au reste, ce droit public ou ce programme illusoire méritait d'autant moins de figurer dans la loi fondamentale du royaume, qu'après 1789, ayant été sans cesse reproduit et appliqué par ses premiers auteurs ou inventeurs, il avait fait verser plus de sang, ou avait entraîné plus de vexations ou de cruautés arbitraires, en dix ans, que n'auraient jamais pu le faire dix siècles de monarchie absolue.

Enfin, dans ce cas, un roi éclairé et éprouvé par de longs malheurs, comme l'était Louis XVIII, aurait dû peut-être d'autant plus s'abstenir d'une pareille proclamation, que d'abord il y avait réellement présomption ou complète inexpérience des choses humaines, à prétendre ainsi régler à l'avance les immenses détails ou éventualités d'une vaste administration, puisque c'était alors ignorer qu'un contrat, rédigé même sur la moindre des affaires domestiques, va, malgré toutes les attentions possibles, donner lieu à des procès, difficultés ou interprétations sans nombre ; mais ce qui était beaucoup plus grave, en jetant ces dangereuses abstractions au milieu de la multitude, en livrant ces généralités à la fois ambiguës, énigmatiques, emphatiques et solennelles, aux imaginations ardentes, aux argumentations sans fin, sans raison et sans bonne foi, de tous les partis ou de toutes les ambitions présentes ou futures, n'était-ce pas, on le répète de nouveau, semer du vent pour recueillir des tempêtes? Ne devait-on pas s'apercevoir que toutes ces idées ou annonces incomprises et incompréhensibles d'égalité, de liberté, de propriété, d'indulgence gouvernementale ou de régime légal (qui, par parenthèse, peut être aussi tyrannique que celui des ordonnances), fourniraient des armes pour tout défendre, pour tout attaquer, et même pour renverser de fond en comble l'édifice constitutionnel qu'on se proposait d'élever?

Aussi, par la suite, tandis que les uns (les absolutistes religieux et monarchiques), dans ces articles ou préliminaires nuageux de la Charte, lisaient ou voulaient faire lire que la religion dite de l'Etat, devait être par cela même dominante; que réprimer les abus de la presse, voulait dire prévenir; d'autres, au contraire (les démocrates), torturant à leur tour ce droit public des Français, en faisaient sortir des libertés sans fin et sans mesure, en n'y voyant entr'autres conséquences qu'un essor donné, pour ainsi dire, sans restrictions, à toutes les facultés morales et physiques de l'homme, que l'abolition des titres, des privilèges ou des droits les plus indispensables au maintien de la société, que la suppression ou l'extrême adoucissement de tout Code pénal, et surtout de toute police ou système préventif, que la préférence exclusive pour les emplois donnée aux capacités, c'est-à-dire, aux plus présomptueux, aux plus remuants ou aux moins modestes des ambitieux, et que les impôts renvoyés surtout aux grands propriétaires qui, ayant beaucoup plus que le nécessaire, ne s'apercevraient donc pas de la charge qui leur serait imposée.

Passons maintenant à la partie positive de la Charte, ou à ses principaux articles (15, 27, 37, 38, 39, 40, 47, 53, 55 et 67), qui décident en substance que tout le gouvernement de France, c'est-à-dire, son pouvoir législatif, et aussi celui exécutif (placé, bien entendu, dans l'entière dépendance du premier qui l'organisera, lui fournira des subsides nécessaires, en punissant au besoin ses ministres ou ses chefs) va se composer dorénavant d'un roi héréditaire, de pairs aussi héréditaires, nommés par le roi ; enfin, de députés âgés de quarante ans, payant mille francs de contributions au moins, à l'élection quinquennale desquels auront concouru les électeurs de plus de trente ans d'âge, et payant trois cents francs d'impôt au moins.

Ces dispositions immédiatement appliquées en 1814, ne sont pas de vaines phrases comme celles des droits de l'homme (n'engageant à rien, et auxquelles on fait dire tout ce qu'on veut); elles contiennent bien réellement un changement grave et sérieux dans l'organisation de la société française, en associant désormais à la royauté des intérêts nouveaux, des pairs héréditaires, et surtout des classes électorales, lesquelles étant ainsi, à tort ou à raison, admises au partage de la souveraineté, ne s'en laisseraient plus naturellement dessaisir par la suite, sans opposer des résistances plus ou moins redoutables.

Nous voilà donc, comme on voit, jetés dans des combinaisons constitutionnelles, ou dans des pondérations de pouvoirs, qui, malgré la création d'une deuxième chambre législative, le droit de dissolution accordé au roi, et autres précautions omises en 91, ne vont encore former qu'un édifice éphémère ou chancelant, destiné, comme les précédents, à s'écrouler à la première secousse.

D'abord, en examinant très-attentivement les choses, on ne trouve en définitif, surtout pendant les premières années de la restauration, que la monarchie luttant seule, dans cette occasion, avec les tendances antipathiques de la moyenne propriété réunie à l'esprit révolutionnaire par excellence du journalisme, lutte analogue à celle de 89, et qui, par suite, comme nous l'avons déjà observé, devait finir, en 1830, par la négation ou le renversement du gouvernement.

Après 1814, disons-nous, comme en 1789, la royauté s'est trouvée presque seule d'un côté, et la classe moyenne de l'autre, réunie au journalisme.

Sans doute, une assemblée réunissant toutes les illustrations du royaume, qui, par son inamovibilité, ou mieux encore par ses lumières et ses vertus héréditaires, aurait, à la longue,. fixé sur elle le respect et la considération que nous ne sommes que trop portés à refuser à nos égaux, récemment élevés par les suffrages populaires, ou autrement; cette magistrature suprême, disons-nous, aurait donné un peu de stabilité à notre ordre social, que rien malheureusement ne discipline ou ne hiérarchise dans ce moment, et nous aurait défendu, comme cela a eu lieu jusqu'à ce jour dans une grande île voisine, contre la mobilité de nos opinions, l'erreur de nos prétentions, ou contre les dangers démocratiques et autres, inhérents à notre régime représentatif.

Mais, loin de là, nos pairs, chose fâcheuse, n'ont pu être choisis qu'après une longue et cruelle révolution, qui avait bouleversé fortunes, rangs et réputations, qui avait détruit tous les prestiges, et nivelé toutes les supériorités sociales. Que signifiaient par suite ces aristocrates d'un jour, tantôt ruinés, tantôt enrichis par les malheurs récents de l'époque, à qui l'opinion, dans ces deux cas, refusait peut-être la haute influence dont ils avaient tant besoin? Quel poids apporteraient dans la balance, aux jours de crises, tous ces noms mêlés à des souvenirs que la licence de la presse, la haine et l'injustice des partis, avaient cherché à flétrir à l'avance de toutes les manières possibles? Que pouvaient, au reste, même avec leur hérédité, ces dignitaires salariés, en grand nombre, par l'Etat, et qui, n'avaient la plupart qu'à chercher le repos pour le reste de leurs jours? Que pouvait devenir enfin (si ce n'est un instrument passif dans les mains du pouvoir dominant) cette assemblée à diverses reprises modifiée, mutilée et brisée dans sa majorité par des nominations en masse, lesquelles, soit dit en passant, prouvent plus fortement que nous ne pourrions jamais le faire, l'impuissance de notre machine constitutionnelle ou l'impossibilité de son mouvement régulier?

En un mot, faute d'anciennes fortunes ou de familles, dont la nation se serait accoutumée, de génération en génération, à vénérér la naissance et les vertus héréditaires, notre système représentatif, après 1814, ne se composant réellement que de deux autorités rivales en présence, lesquelles n'étaient plus contenues dans leurs limites respectives par une troisième puissance intéressée à leur existence simultanée, ont donc pu ainsi se heurter, se renverser, comme on l'a déjà vu, avec d'autant plus de facilité que l'influence de la grande propriété, les habitudes et souvenirs de famille, les traditions anciennes, les sentiments religieux, et autres jougs salutaires, n'étaient plus là pour, à défaut du pouvoir, contenir la société dans un moment d'effervescence ou d'aberration extraordinaire.

Ainsi donc, après avoir montré que la pairie plus ou moins nominale de 1814, malgré son hérédité, ne semblait au moins, pendant long-temps, destinée qu'à enregistrer nos lois et nos budgets, sans pouvoir au besoin apporter un poids notable dans la balance, et sauver la monarchie en cas de collision, voyons maintenant si, par quelques autres appuis ou secours, le trône se trouvait un peu plus consolidé avant 1830 qu'en 1791.

La restauration, il est vrai, avait pour elle l'assentiment de l'Europe, et surtout cette immense force morale qui résultait de la réaction opérée dans les esprits et contre les guerres reprochées, à tort ou à raison, à l'absolutisme récent de Napoléon, et contre les inconvénients, bien plus effrayants encore, de l'anarchie de 93; mais elle avait contre elle cette même aristocratie bourgeoise et lettrée, ou cette majorité électorale en permanence, qui, quoique plus riche et plus imposée que celle de 91, n'en était guère plus monarchique, et qui d'ailleurs, secondée par le journalisme, se recrutait ou se fortifiait de tous les impérialistes déchus ou mécontents, et à laquelle, dans tous cas, on ne pouvait plus, comme nous avons dit, opposer une ancienne noblesse, clergé ou pairie un peu forte.

Dans un pareil état de choses, que pouvaient signifier tous ces droits secondaires ou toutes ces précautions réglementaires qui composent presque toute la charte? La personne du roi, est-il écrit, est inviolable et sacrée; mais, est-ce qu'on pouvait, dans ce cas, commander le respect et la vénération dus au chef de l'état? Ce sentiment, comme tous les mouvements du cœur, comme les croyances religieuses et autres, ne doit-il pas être inspiré par l'éducation et les mœurs seules, au lieu de devenir ainsi l'objet d'une prescription légale?

Ce roi, avec ses ministres responsables, est seul chargé du pouvoir exécutif; mais ce dernier, on le répète, sera toujours subordonné à la législature, et ne pouvait évidemment en être distingué.

Arrivant au trop fameux article 14, dans lequel on a cru lire le renversement de tous les autres, ou dans lequel on a trouvé, comme cachée ou mise en réserve, une dictature éventuelle, et le rétablissement complet du pouvoir absolu, quelle ressource, en admettant cette supposition, pouvait dans le besoin présenter à la royauté menacée une disposition aussi subreptice, à laquelle personne ne songeait?

Le roi propose la loi (art. 16 et 17) à l'une et l'autre chambre, et le budget aux députés. D'abord, cette prérogative, qui n'existait pas en 91, ajoute bien peu de force à la royauté; en effet, comme dans ce cas il n'y a, à proprement parler, que deux autorités rivales en présence, celle du roi et des députés, à défaut d'une pairie suffisamment forte, l'ordre indiqué pour leurs délibérations en commun, comme les préséances ou cérémoniaux quelconques, ne changeaient donc rien à l'état de choses, et toute la question, dans ce cas, consistait à savoir si en réalité la royauté était ou n'était pas trop faible pour cet équilibre de tendances humaines, qu'on avait voulu imiter des forces mécaniques.

En résumé, qu'importera l'initiative dont il s'agit, si le roi, tremblant pour des motifs quelconques devant les députés, est obligé par suite d'aller au-devant de tous leurs désirs, nonobstant ses prétendus droits, dont il ne pourra faire aucun usage?

D'après les articles 19, 20 et 21, la chambre des pairs, il est vrai, sera comme opposée à celle élective, et comme chargée de rejeter les propositions dangereuses et intempestives des députés, en prévenant ainsi les chocs directs ou les collisions entre la classe moyenne, le journalisme et la royauté; mais cette dernière pour cela n'en sera pas entièrement abritée; car, on saura bien aller la chercher derrière la pairie, et la rendre responsable du mauvais vouloir de législateurs, dont, à la rigueur, elle pourra légalement briser la majorité par des nominations à volonté.

Passant ici sous silence (art. 22) la sanction par le roi et la promulgation des lois (qui, à proprement parler, n'est que le commencement d'exécution de ces dernières), ainsi que celui 23 relatif à la liste civile votée, comme de raison, pour toute la durée d'un règne, afin d'éviter des discussions irritantes ou peu convenables entre les différentes branches de la législation, nous arrivons à ce qui concerne la chambre des pairs.

Les articles 24, 25, 26, 28, 30, 34 n'étant, pour ainsi dire, que réglementaires, c'est-à-dire n'ôtant ou n'apportant aucune force à la royauté, et ne changeant rien à l'équilibre ou à la pondération des pouvoirs, objet du présent examen, il est donc inutile encore de s'en occuper.

Quant à l'article 27 qui est ici principal et fondamental, la chute de la royauté en 1830, et, par suite, l'insuffisance des forces qu'on lui a attribuées dans l'équilibre constitutionnel, sont là pour justifier pleinement ce droit de nommer, en nombre illimité, des pairs à vie ou héréditaires, en variant d'ailleurs chez ces derniers les dignités ou distinctions compatibles avec les lois existantes ou avec la hiérarchie sociale de l'époque, lesquelles d'ailleurs ne changeaient rien au pouvoir constitutionnel de chacun. Cet article 27, il est vrai, a donné lieu à des nominations en masses, dans le but de briser violemment et subitement une majorité hostile à la couronne, mais il y avait peut-être moins d'inconvénient à déconsidérer ainsi accidentellement la pairie et le gouvernement constitutionnel tout entier, qu'à laisser la royauté dans un état de faiblesse plus grand encore que celui sous lequel, plus tard, elle a si malheureusement succombé.

Passant sous silence l'article 31, motivé par les dissensions ou usurpations malheureusement trop communes dans les familles régnantes, nous arrivons à celui 32, relatif au secret des délibérations de la chambre des pairs. On s'est récrié contre ce secret, comme s'il avait jamais pu exister en réalité, comme si les on dit confidentiels du journalisme n'avaient pas révélé sans cesse ce qui se passait à la chambre des pairs, en rendant peut-être alors les attaques de l'opposition plus attrayantes, plus recherchées et peut-être plus dangereuses pour le gouvernement que si elles avaient eu lieu au grand jour.

Quant aux articles 33 et 34 qui rendent les pairs juges des crimes d'Etat, et justiciables de leur assemblée seule, il n'y a rien là que de très-juste, de très-convenable et de très-conservateur. En effet, puisque des magistrats, en définitif, doivent rendre la justice au nom du roi et réprimer les attentats publics, où trouver, dans le royaume, des juges qui rempliront cette mission avec plus de lumières, d'indépendance et de garantie, que des pairs inamovibles et héréditaires, dont l'existence, par suite, se trouvera comme identifiée avec l'ordre social?

Un intérêt de caste ou de privilégiés, a-t-on dit, pouvait fausser leur jugement; mais ce reproche n'a-t-il pas dû être, à plus forte raison, adressé par nous à des jurés d'ailleurs le plus souvent dépourvus de l'instruction ou de l'expérience nécessaire à leur magistrature temporaire?

Nos tribunaux, y comprise la cour de cassation, offrent, il est vrai, de très-grandes garanties d'une bonne et impartiale justice, comme on verra; mais, en présence des factions, notre magistrature, par cela même qu'elle se trouvera conservatrice, amie de l'ordre ou sagement organisée, n'en sera que plus vivement attaquée et calomniée dans ses décisions; ses jugements, d'ailleurs, étant alors prononcés, suivant l'habitude, d'après les principes inflexibles de la loi ou les règles ordinaires du droit, ne pourraient donc pas, comme ceux de la pairie, embrasser certaines considérations de temps, de lieu et de personnes qui doivent presque toujours présider aux procès politiques.

Arrivant à ce qui concerne les députés, il est évident d'abord que la loi électorale, annoncée article 35, formait à elle seule, pour ainsi dire, tout le nouveau régime à établir, puisqu'elle désignait ou mettait en possession les nouveaux gouvernants, et, avec eux, par suite, donnait l'existence et la vie aux principes du gouvernement modifié.

En effet, la pairie, pour le moment, manquant d'éléments de force, tout l'équilibre ou toute la pondération constitutionnelle n'allait donc être autre chose, au fond, que la royauté chargée de s'entendre à l'amiable ou de confectionner la loi en commun avec les députés ou avec une majorité électorale en permanence, sans qu'on ait prévu les scissions inévitables ou qu'on se soit inquiété en aucune manière du cas où ces autorités rivales, et plus ou moins antipathiques l'une à l'autre, cessant d'être unanimes dans la direction à imprimer à la société, devaient par conséquent (avec une pairie réelle ou non réelle), s'entraver mutuellement, se déconsidérer, se neutraliser ou s'annihiler d'abord par des susceptibilités ou obstinations réciproques, puis lutter et se renverser définitivement; en un mot, la majorité électorale étant une fois reconnue et organisée d'une certaine manière parmi les personnes (art. 40) âgées de trente ans, et payant trois cents francs d'impositions au moins; les articles 36, 37, 38, 39, 41, 42, 43, 44, 45 et 46, au bout du compte, n'allaient plus avoir qu'une influence très-secondaire sur l'esprit de la députation, puisque cette dernière (effet constant d'une cause invariable) devait toujours être puisée à la même source ou dans le même centre d'intérêts et de passions en permanence, et puisqu'enfin les mandataires élus, quelles que soient leurs conditions d'éligibilité, ne seront jamais que les échos ou la représentation plus ou moins fidèle des électeurs commettants.

La charte de 1814 s'étant bornée à exiger, pour concourir aux élections, trente ans d'âge et trois cents francs d'impôts, la loi électorale subséquente avait donc toute la latitude désirable pour plus tard sauver la monarchie ou prévenir une nouvelle révolution, il lui suffisait, à cet effet, de distribuer ou de répartir convenablement le droit de voter, ce concours ou cette participation aux élections, non pas, certes, en le soumettant, sans raison, à la majorité des voix recueillies par tête, puisqu'alors c'était exclure, de fait, la grande propriété de la législature, ou transporter exclusivement et injustement la députation chez les petits contribuables ou la partie la plus nombreuse du collége électoral, mais bien en tâchant, au moins, de représenter un peu plus équitablement les divers membres de la classe privilégiée dont il s'agit, suivant l'importance sociale et autres aptitudes gouvernementales de chacun, en cherchant surtout à défendre la minorité qui, après avoir été vaincue au scrutin, ne devait pas, pour cela, rester sans influence dans la confection des lois, comme à la merci des députés auxquels elle aura refusé ses suffrages.

La loi du double vote a été sans doute une application salutaire et rationnelle de l'article 40 de la charte de 1814, mais on n'est pas allé assez avant dans cette voie, ainsi que l'ont prouvé les événements ultérieurs; effectivement on pouvait ne pas se borner seulement à deux colléges, puis il fallait diminuer le nombre des choix laissés à la petite propriété; on pouvait enfin, et on devait surtout ne pas rendre invariables ces classifications électorales, en chargeant, soit la royauté, soit même la pairie, de modifier, au besoin, suivant les circonstances, suivant l'état de paix ou de guerre du pays, suivant les scissions ou désaccords survenus dans les trois branches de la législature, la proportion d'influence de la grande, de la moyenne ou de la petite propriété sur la marche du gouvernement.

S'il en avait été ainsi, ce dernier, en 1830, aurait pu

alors sortir de l'espèce d'impasse où il se trouva refoulé par l'aveuglement, l'ignorance ou les opiniâtretés en présence ; de cette manière enfin, on n'aurait pas eu besoin d'en appeler d'une chambre élective et temporaire qu'on croyait séditieuse, à un corps électoral permanent beaucoup moins apte encore à gouverner que ses représentants, où les opinions une fois casées enrôlées, fixées ou classées par des intérêts, par des préventions locales ou autres considérations, ne viendront jamais au secours des grands principes d'ordre attaqués, où, dans tous les cas, les cabales et les factions législatives trouveront, au besoin, non pas un contrôle, une censure modérée, sage et éclairée, exercée sur leurs actes au nom de tout le pays, comme on l'a répété tant de fois, mais bien un encouragement certain à toutes leurs passions ou tendances les plus désordonnées.

Poursuivant notre examen, et passant aux articles 47 et 49 de la charte, qui accordaient aux députés l'initiative dans la discussion de toutes les propositions d'impôts, en rendant d'ailleurs annuel le vote de la contribution foncière, on voit que ces dispositions ajoutent une très-grande force, à la chambre élective en mettant plus spécialement dans sa dépendance le budget des ministres, et, par conséquent, l'existence politique et administrative de ces derniers.

Les impôts que la charte semble demander plus particulièrement aux députés, ne pouvant pas naturellement être brusquement et totalement refusés, puisqu'alors ce ne serait pas seulement discuter ensemble des lois, mais bien s'entre-détruire ou s'exterminer, puisqu'il résulterait de ce refus une désorganisation générale de tous les services, et puisque d'ailleurs cette menace elle-même (si, par impossible, elle était mise à exécution) pourrait bien ne pas être entièrement ratifiée par le public, en faisant alors peser une dangereuse responsabilité sur ses auteurs, il était donc peu digne et peu sage de recourir ainsi à un épouvantail d'une application impossible, il est vrai, mais dont cependant les factions pouvaient abuser.

Quant à la faculté de convoquer et proroger les chambres, de dissoudre celle des députés (art. 50), cette disposition, il est vrai, est en faveur du roi qui pourra choisir, jusqu'à un certain point, les époques les plus opportunes pour les débats législatifs; mais prétendre, comme on l'a fait, que le droit de dissolution, mis dans la constitution de 91, aurait sauvé la monarchie, est une erreur manifeste, puisque, on le répète, les colléges électoraux seront toujours moins éclairés et plus factieux, en général, que les députés plus âgés et plus imposés qu'on leur renverra, puisqu'en un mot le remède, dans ce cas, sera pire que le mal.

Le privilége accordé aux députés par les articles 51 et 52, devant assurer leur indépendance en présence des partis, sans pouvoir d'ailleurs présenter des inconvénients sérieux, et le droit de pétition, article 53, ne devant pas dégénérer en scènes tumultueuses ou vociférations renouvelées des époques anarchiques de la révolution, nous allons passer aux articles 54, 55 et 56, relatifs aux ministres.

D'abord la faculté de choisir au besoin les ministres parmi les pairs et les députés est une nécessité du régime représentatif, ainsi que le droit naturel accordé à ces chefs administratifs d'être entendus quand ils le demandent; tout ça n'a rien qui puisse porter ombrage aux plus grandes susceptibilités du libéralisme, surtout si ces ministres s'abstiennent de voter sur des questions qui leur seront purement personnelles. Quant à la responsabilité de ces derniers, c'est peut-être, de toutes les dispositions, énigmes ou subtilités constitutionnelles, celle qui est restée la plus incomprise et la plus incompréhensible depuis 1789 jusqu'à nos jours.

Si on disait à un chef militaire ou civil, à un gérant chargé d'administrer une mine ou usine, un domaine, un commerce, une opération ou atelier quelconque, qu'il ne commandera que par l'intermédiaire ou avec la signature de subordonnés responsables ou justiciables vis-à-vis d'étrangers autres que lui, l'administrateur en question répondrait naturellement que non-seulement on ne lui confie point, dans ce cas, un commandement ou pouvoir quelconque, mais qu'au contraire on le place en réalité sous les ordres ou dans la dépendance de ses agents qui, quoiqu'appelés ses subordonnés, n'en deviendront pas moins ses maîtres, ses gardiens ou les surveillants de ses actes dont ils auront à rendre compte à autrui.

Si encore, en 1789, lorsqu'on inventa ou qu'on importa d'Angleterre cette institution de responsabilité ministérielle, on avait chargé quelque tribunal extérieur, indépendant, désintéressé et non rival en pouvoir, de juger des ministres, organes obligés des volontés du prétendu roi de France; dans ce cas ce dernier aurait au moins espéré qu'en agissant ou remplissant sa mission législative et administrative aussi-bien ou le moins mal qu'il lui était possible, le tribunal impartial ci-dessus (devenu, en fait, le seul et vrai souverain) lui aurait alors accordé des ministres quelconques, en permettant à ces derniers de contre-signer les volontés royales sans se compromettre; mais loin de laisser même une telle perspective à celui qu'on continuait d'appeler roi de France, qu'on disait chef du pouvoir exécutif et branche de celui législatif, on rendait ses ministres justiciables, en dernier ressort, de la représentation dite nationale qui lui était associée, et qui, par mille susceptibilités naturelles et autres motifs, allait nécessairement devenir une autorité rivale ou ennemie de la sienne.

De cette responsabilité des ministres combinée avec leur nomination laissée au roi, va-t-on peut-être répéter, devait résulter une espèce de transaction entre les tendances de cour et celles plébéiennes, ou le transport forcé du pouvoir public chez les hommes qui avaient à la fois, et la confiance du roi et celle de l'assemblée législative; mais, en y réfléchissant, peut-être dans ce cas, au lieu de la double confiance dont il s'agit, s'exposait-on à avoir désormais pour ministres, non pas certes des Sully ou des hommes entièrement identifiés avec tout ce que la royauté héréditaire présente de moral et de conservateur, mais bien au contraire des capacités de tribune, des parleurs ou discuteurs de profession, qui, par suite, n'en seront, faute d'expérience réelle, que plus impropres à la conduite pratique des affaires; enfin, que ces ambitieux plus ou moins ardents et plus ou moins présomptueux, qui, par les mésintelligences, défiances ou intrigues de toute espèce, espéreront concilier ou plutôt asservir à leurs desseins particuliers ces branches législatives en présence, qu'ils tromperont tour à tour ou qu'ils opposeront adroitement l'une à l'autre suivant l'occasion.

Mais, sans insister davantage sur cette responsabilité ministérielle de 1789, qui, comme on voit, se joint à la discussion détaillée ou à l'obtention obligée d'un budget pour abolir, de fait, la royauté ou substituer aux intentions naturellement graves, bienveillantes et conservatrices du roi ou du vrai père de famille, les influences bien moins rassurantes de chefs administratifs essentiellement temporaires, placés dans la dépendance des partis ou des coteries, et mêlés à toutes les brigues ou cabales de ces derniers, voyons jusqu'à quel point, en 1814, on a su échapper à de pareilles inadvertances ou dangers.

Une pairie héréditaire et bien réelle, étant chargée de juger les ministres (seulement pour faits de trahison ou de concussion commise à l'insu du roi, et non pour leur adhésion au système gouvernemental suivi par ce dernier en vertu de ses droits constitutionnels), dans ce cas, on pourrait, il est vrai, reprocher au tribunal en question, tantôt de ne pas être assez indépendant (alors que le coupable, pour prévenir sa condamnation prochaine, conseillera et obtiendra des nominations de juges en sa faveur), tantôt, au contraire, d'être trop indépendant de la royauté, et par suite, de détruire de fait toute l'autorité monarchique, lorsqu'une puissante aristocratie comme celle anglaise, dominant même les députés et les électeurs du pays en cas de scission avec le monarque, et pour entraver ou embarrasser ce dernier, intentera des procès à ses ministres, sous des prétextes de trahison et de concussion qu'il sera toujours si facile d'imaginer, dans ce cas, dit-on, la responsabilité ministérielle, quoique non exempte d'inconvénients et d'embarras, comme on vient de voir, cesse cependant d'être une espèce de mystère, un non sens ou une absurdité constitutionnelle comme en 1791.

La pairie, en 1814, n'a été, il est vrai, à l'origine, que nominale; mais elle pouvait avec le temps, et grâce à l'hérédité, devenir distincte du pouvoir royal, en offrant par suite, pour le jugement des ministres accusés par les députés, un tribunal plus ou moins imparfait, il est vrai, mais qu'on ne pouvait peut-être pas remplacer par un autre, sans de plus grands inconvénients encore. Seulement, dans cette occasion, il s'agit de bien s'entendre; il faut, il est vrai, punir les traîtres et les concussionnaires, mais non les ministres qui auraient contresigné les volontés légales d'un roi jouissant de ses facultés ou de son libre arbitre, qui, comme chef du pouvoir exécutif, déclarerait la paix et la guerre, nommerait aux emplois, ferait proposer des lois, dissoudrait ou convoquerait les chambres, créerait des pairs ou ferait grâce à des condamnés. En effet, toutes ces prérogatives et autres, étant confiées à la couronne par la constitution ainsi que par la raison, et le ministre contre-signataire des ordres du roi, ne croyant point devoir donner sa démission, le pays a donc toutes les garanties qu'il peut désirer dans cette occasion, et s'il devait encore y avoir malheureusement des erreurs ou des abus à craindre, on n'y remédierait point certes, en transportant les droits royaux, au moyen de cet artifice, subterfuge ou subreption appelée responsabilité ministérielle, chez des pairs, chez des députés ou chez des représentations partielles et temporaires de la nation, chez des coteries enfin, qui, bien entendu, ont aussi des préventions et passions à satisfaire, des courtisans et créatures à favoriser, ou qui, en définitif et somme toute, formeront un pouvoir moins conservateur, moins paternel en général que celui qu'il s'agissait seulement de surveiller, et que, dans le fait, on aurait réellement remplacé.

Au reste, dira-t-on ici que cette responsabilité ministérielle, comme le refus du budget, n'est qu'un article comminatoire, qu'on ne doit pas prendre à la lettre, de peur de tomber dans l'absurde ; mais, dans ce cas, une charte deviendrait bien plus absurde encore, de recourir à de tels mensonges : mieux vaudrait cent fois un franc arbitraire que celui ainsi caché sous un vain et indigne simulacre de loi.

Continuant notre revue de la charte, et renvoyant au chapitre suivant l'éloge de l'ordre judiciaire, nouveau bienfait d'un règne plus ou moins absolu, que peut-être le régime constitutionnel de 1814 n'aurait pas pu réaliser aussi-bien, nous nous contenterons d'observer qu'autant la publicité des débats politiques (qui souvent ne sont que des litiges ou procès pendants entre les diverses classes de la société), peut avoir des inconvénients, en mettant à nu, en dernier résultat, un mal auquel il n'est point remédié, celui de l'exploitation du gouvernement par une majorité électorale plus ou moins associée à des journaux, autant la publicité des discussions entre particuliers, devant les tribunaux, produira du bien, non-seulement en contenant les magistrats, mais encore les plaideurs, dans le cercle du devoir et de la modération.

En un mot, s'il est très-bon que les particuliers discutent leurs intérêts respectifs en public, il est très-mauvais et très-dangereux que les masses en fassent de même, puisque, par suite de la hardiesse du nombre, de l'excitation réciproque des esprits ou de l'échauffement mutuel des imaginations rassemblées, elles se prétendront toujours de plus en plus mal jugées, en ravivant et éternisant par suite les querelles ou procès pendants.

Enfin, sans montrer, pour le moment, que les dispositions constitutionnelles souvent ajoutent à des défectuosités intrinsèques, l'inconvénient d'être inexécutables, contradictoires ou illusoires, que, par exemple, avec le droit de faire la paix et la guerre, de prendre des engagements, ou d'ouvrir des crédits supplémentaires à volonté, et que plus particulièrement encore, avec des articles 68, c'est-à-dire, avec le maintien des lois existantes, on a mille moyens de rentrer dans l'arbitraire; quand on voudra, nous mentionnerons les promesses (art. 69, 70, 71 et 72), qui, comme tant d'autres, exprimées en termes vagues et généraux, ne deviennent bien réelles que par une sincère application ou mise à exécution, confiée à des gouvernants intéressés à l'accomplissement de ces dispositions.

Ici nous répondrons d'ailleurs aux personnes qui se sont récriées contre les titres de noblesse, contre les décorations ou récompenses honorifiques, que si ces distinctions étaient réellement discréditées, comme elles le prétendaient, on n'avait donc pas à s'inquiéter de la distribution future de hochets qui n'étaient remarqués ou recherchés par personne; que, dans le cas contraire, où l'opinion y mettrait un prix ou une attention quelconque, il ne fallait donc pas négliger cette richesse morale qui ne coûtait rien aux contribuables, en laissant le souverain représentant de la nation s'en servir au nom de cette dernière, comme d'un moyen gratuit d'émulation, lequel, sans contrevenir aux principes d'égalité légale, devait servir à encourager les actions honorables ou les services rendus.

Sans doute, la restauration, en 1814, souleva des oppositions, défiances ou répugnances chez ceux qui, par leurs antécédents révolutionnaires, ou autres motifs, ne pouvaient guère espérer les faveurs du nouvel ordre de choses; mais, rationnellement parlant, ce n'était pas là une raison pour retirer à la royauté rétablie le droit de distribuer les grâces et récompenses nationales de toute nature, lequel droit ne pouvait être transporté à nul autre qu'à elle.

Quant aux articles 73 et 74, il est entendu que les colonies étaient dans des cas trop exceptionnels pour recevoir, de leur côté, l'application d'une charte qui n'a pas pu même se soutenir en France, et que le serment d'observer fidèlement cette dernière pouvait donner lieu de nouveau à toutes ces discussions, interprétations, restrictions ou distinctions, dont on a déjà parlé. Enfin, telle est la destinée des textes et des serments sur les constitutions, qu'ils peuvent être violés par tout le monde, sans qu'on cesse pour cela, dans chaque occasion, de recourir à ces prétendus gages de stabilité générale. Ainsi, sans rappeler les actes de 1791, 1793, 1795 et 1799, celui additionnel de 1815, qui ont disparu avec d'autres projets analogues, au milieu des chocs et des violences des partis, nous voyons la charte de 1814 jurée par son auteur, puis soumise à une révision en 1816, puis déclarée de nouveau irrévocable, puis, à l'époque de la septennalité, divisée en articles obligatoires et en d'autres qui ne l'étaient pas, puis violée par un vieillard couronné, qui probablement n'avait jamais compris ses serments, puis violée enfin par ses propres vengeurs ou défenseurs, et remplacée par un nouveau pacte fondamental, exposé malheureusement à toutes les vicissitudes de ceux qui l'ont précédé.

## CHAPITRE 6.

### Suite du précédent. Espérances réveillées par la Charte de 1814; dernières critiques de cet acte.

Pour être juste sur la charte de 1814, nous ne devons pas seulement relever les défauts et imperfections signalées par une assez longue expérience, mais aussi rappeler les espérances et les brillants éloges qui accueillirent cet acte à son origine.

Ce nouveau travail, au reste, servira à montrer avec quelle malheureuse facilité, ainsi qu'il a déjà été dit, les innovateurs, en tout temps, peuvent séduire les peuples, en ne leur montrant que sous certaines faces les réformes proposées, ou en leur présentant tous les avantages d'un système politique quelconque, sans parler des inconvénients.

Telle est la difficulté ou la vanité de la science sociale, ou plutôt tel est l'abus qu'on peut faire des raisonnements appuyés sur des données vagues, ignorées ou imprévues, comme le sont les besoins changeants, les caprices ou passions des hommes, qu'en comparant le langage tenu sur tous les gouvernements essayés en France, avant et après leur mise en activité, on ne peut plus croire qu'il s'agisse alors d'un seul et même système politique.

La charte de 1814, pour emprunter les expressions de

ses premiers et zélés partisans, devait d'abord proclamer les vraies maximes de l'ordre social, c'est-à-dire, ces principes d'égalité, de liberté et de propriété, qui, renfermés dans leurs justes limites, deviennent, comme on sait, une source de bonheur et de prospérité pour la nation.

De là ces déclarations d'égalité civile, de juste répartition des charges et faveurs sociales, de liberté d'action et de pensée dans le cercle tracé par la loi.

Après ce droit public des Français, la charte passe à un objet plus essentiel ou plus positif; elle veut assurer la vie et l'existence aux principes qu'elle vient de proclamer, et cela, en organisant un gouvernement ou un pouvoir dont l'intérêt et la volonté identifiées avec les doctrines ci-dessus, tendront ainsi sans cesse à les développer ou à les appliquer avec toutes leurs conséquences désirables.

Pour atteindre ce but, elle place d'abord à la tête de la société, un pouvoir législatif, composé de branches diverses, et dont la résultante des volontés réunies devra être, autant que possible, l'expression du vœu général.

Mais ces différentes sections du pouvoir législatif pouvaient se contrarier et s'entraver dans leur marche, surtout si elles représentent diverses classes de la société plus ou moins en opposition les unes avec les autres; donc un chef ou le roi doit à lui seul composer une des branches du pouvoir dont il s'agit, le présider, le régulariser, imprimer et suspendre son mouvement, le dissoudre d'après certaines formes, et préparer à l'avance les questions ou sujets principaux qui doivent être soumis à sa discussion.

Ainsi placé au faîte de l'édifice social, ce souverain doit donc dominer et surveiller tous les autres pouvoirs de la société, et tenir dans ses mains les fils de l'administration publique.

Sa volonté ou son intérêt particulier devant être constamment identifié avec l'intérêt général, il sera donc, sauf des cas d'infirmités et autres prévus par des institutions de famille, héréditaire en même temps qu'inviolable, pour n'avoir rien à craindre ni à espérer d'aucun parti ou d'aucune classe de la société, pour ne voir, dans la prospérité et la félicité publique, que le patrimoine de sa dynastie, qu'une garantie de sa sûreté ou qu'un héritage précieux à laisser à ses enfants,

Donc, un ministère responsable, conséquence de l'inviolabilité ci-dessus, devra le préserver des erreurs inévitables où il ne serait que trop facile à la nature humaine de s'abandonner dans un cercle d'attributions aussi multipliées.

Donc, pour prévenir encore mieux ce danger et pour réaliser la responsabilité ministérielle, il faut que les autres branches du pouvoir législatif soient directement intéressées à la prospérité générale, qu'elles aient le droit de voter l'impôt comme force passive destinée à garantir leur indépendance et leur inviolabilité pendant leur gestion, sans pour cela détruire le droit de dissolution confié au roi, qui en appellera alors à la nation ou aux électeurs réunis.

Maintenant les assemblées législatives adjointes au roi devant représenter autant que possible les différents intérêts de l'Etat dans leur juste proportion, apporter dans la discussion des lois ainsi que dans la surveillance des ministres ou de l'administration publique, toutes les lumières, l'impartialité et l'indépendance désirables;

Offrant, d'un côté, le calme et la sagesse qui jugent, l'esprit de corps qui conserve, d'un autre côté, la véhémence, la hardiesse et quelquefois même l'aigreur qui surveillent, accusent et censurent le pouvoir en lui inspirant cet effroi salutaire qui prévient tant de négligences ou d'actions coupables, ces assemblées ou chambres, en outre de ces conditions diverses, devaient encore présenter une certaine simplicité pour prévenir des retards ou des entraves plus ou moins nuisibles à la confection des lois.

Une seule chambre serait insuffisante, elle ne réunirait pas les divers caractères que nous venons d'examiner, elle se mettrait vraisemblablement en lutte avec le monarque ; un de ces pouvoirs rivaux finirait par envahir ou dominer l'autre ; il ne pourrait y avoir équilibre stable ; d'un côté se trouverait, tantôt l'indifférence ou la lâche complaisance d'une assemblée asservie, tantôt, au contraire, la violence de cette même assemblée qui connaîtrait d'autant moins de mesure dans ses égarements, que les membres en seraient plus nombreux, plus passionnés ou plus irrités les uns par les autres et moins responsables en particulier ; d'un autre côté se trouverait opposée tantôt la timidité d'un prince tremblant devant les exigences d'une prétendue opinion publique, tantôt, au contraire, un excès de présomption qui espérerait tout soumettre par l'abus de la force militaire.

Mais tout rentre dans l'ordre au moyen de deux chambres : l'une peut représenter avec le roi toutes les classes de la société indistinctement, et voir son intérêt confondu avec celui général, et l'autre, nommée par les classes aisées et éclairées de la société, composera ainsi la seule aristocratie dans ce moment tolérable en France, celle de l'industrie, de la propriété et des lumières dont la suprématie, par suite des événements survenus depuis 89, a supplanté, de fait, celle du clergé et de l'ancienne noblesse.

L'une peut être héréditaire ou au moins inamovible ; ses éléments, produits d'un choix calme, réfléchi et paisible, et non d'une élection populaire, peuvent être essentiellement animés de l'esprit de conservation, et rester étrangers à tout engagement préalable avec des majorités électorales ou autres classes de citoyens; magistrature suprême, intéressée à l'ordre et au maintien de la constitution : également indépendante de députés qui s'égarent ou d'un roi ambitieux qui se perd, elle peut repousser, par son attitude calme et imposante, les funestes innovations et les dangereux attentats, de quelque côté qu'ils viennent.

L'autre chambre, au contraire, composée d'éléments amovibles, puisés et renouvelés dans les classes les plus industrieuses, les plus éclairées et les plus influentes de la société, élus par des réunions nombreuses, au milieu de cette chaleur que développent presque toujours les élections populaires, se fera remarquer par l'indépendance et la hardiesse de ses opinions, se montrera jalouse du pouvoir exécutif, attaquera avec véhémence les abus de l'autorité, entretiendra l'activité dans tout le corps social par une opposition toujours renaissante.

Liée par reconnaissance, par besoin et par intérêt, à ses nombreux commettants, elle s'appuiera donc sans cesse sur l'opinion des classes électorales, rivalisera de zèle et d'ardeur pour accomplir les vœux de ces dernières; enfin, elle provoquera les améliorations, et quelquefois même les innovations, sans trop s'inquiéter des difficultés d'exécution, que d'ailleurs l'administration pourra seule connaître dans le plus grand nombre de cas.

Le pouvoir législatif ne pouvant être confié, ni à un roi, ni à une assemblée unique, sans tomber dans le despotisme ou l'aristocratie pure; ne pouvant être confié à la fois à un roi et à une assemblée législative, sans faire craindre à chaque instant sa scission ou sa dissolution, devait donc être divisé en trois branches, qui est la combinaison la plus simple qu'on pouvait adopter après les deux autres; il sera ainsi composé d'un roi, président, et à la fois initié dans les opérations et difficultés de l'administration publique, dont toutes les ramifications aboutiront dans ses mains; d'une chambre de pairs inamovibles, modérée par sa nature, protectrice de toutes les classes de la société indistinctement, essentiellement animée de l'esprit de corps et de conservation, et d'une chambre de députés, sans cesse renouvelée dans des masses électorales, sans cesse en contact avec toutes les classes aisées et éclairées de la société, laquelle, naturellement jalouse du pouvoir, se fera remarquer par la véhémence et la hardiesse de ses opinions, et par une censure toujours renaissante des actes administratifs.

Ces trois branches du pouvoir législatif, le roi qui, à la tête de son ministère, dirige l'administration publique, et qui peut ne pas rester toujours étranger à son esprit d'envahissement, la chambre des députés qui surveille cette administration avec une prévention peut-être défavorable, et la chambre des pairs qui semble être l'arbitre des deux autres, présentent, en définitif, une composition qui semble ne pouvoir, ni se détruire, ni se détourner du vrai sens des intérêts nationaux; un vœu imprudent sera-t-il exprimé dans une chambre, il viendra se briser dans l'autre assemblée, et le roi, régulateur suprême de cette organisation, en opposant ainsi ces deux masses l'une à l'autre, les mettra hors d'état de nuire, en même temps qu'il se trouvera lui-même dans l'heureuse impuissance de faillir, à cause de l'impôt qui pourra lui être refusé, ou des accusations qui peuvent être intentées contre les ministres, organes obligés de ses volontés.

S'agira-t-il de régulariser cette responsabilité des ministres? les députés se trouveront tout naturellement les accusateurs, et les pairs juges en pareil cas.

Passant maintenant à la composition particulière de la

chambre des pairs et de celle des députés, il résulte du caractère et de l'esprit de ces deux assemblées, que la première doit être, sinon héréditaire, mais au moins inamovible et entièrement indépendante des faveurs royales et de celles populaires; que, chargée de veiller à tous les intérêts, la pairie, cette première dignité du royaume, n'appartient point exclusivement à la propriété d'ailleurs représenté dans son état moyen surtout, par la chambre des députés, ni à aucune classe particulière de la société; qu'elle doit, au contraire, être la retraite naturelle de tous les grands talents, vertus et illustrations, ou devenir le prix de tous les services éminents, rendus d'une manière quelconque au pays.

Que cette pairie, qui honorera, et qui sera honorée par tout ce qu'il y aura de grand et de patriotique dans le royaume, ne peut être décernée, vu l'inamovibilité, le caractère et l'esprit de l'institution, que par le roi, représentant perpétuel et universel de la nation, et dispensateur naturel des récompenses publiques.

Que ce monarque, en qualité de régulateur suprême du pouvoir législatif, ayant le droit de dissoudre les députés dans certains cas, doit aussi avoir celui de briser, dans des cas très-extraordinaires, une majorité de pairs égarés ou obstinés, en leur adjoignant de nouveaux collègues, en tel nombre qu'il jugera convenable.

Passant aux députés, il résulte des considérations exposées, qu'ils doivent être en nombre suffisant pour garantir leur indépendance, représenter et signaler les besoins et les intérêts multipliés des diverses localités.

Qu'ils doivent être puisés et renouvelés dans toutes les classes aisées et éclairées de la société, c'est-à-dire, dans celles aptes à jouir du droit d'élection, et incapables d'en abuser.

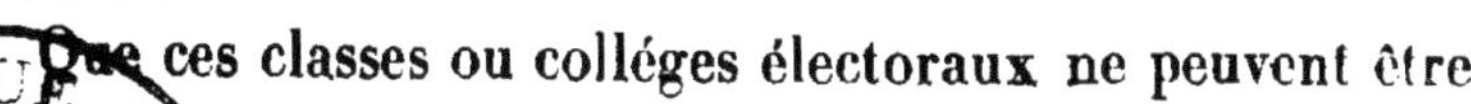

Que ces classes ou colléges électoraux ne peuvent être

limités ou distingués, ni par l'administration qui doit rester étrangère au choix de ses surveillants, ni par l'instruction ou autre qualité morale, non susceptible par sa nature d'être soumise à une mesure un peu précise, mais bien par des conditions positives d'âge et de propriété.

Qu'il faut sacrifier la rigueur mathématique dans cette circonstance, que les limites adoptées, dans ce moment, circonscrivent, il est vrai, une espèce d'aristocratie industrielle et propriétaire, mais que c'est la seule voulue par la nature des choses, celle qui donne le crédit et la force au gouvernement, la prospérité à l'état; qui produit presque tout, en supportant les plus grandes charges de la communauté, qui éclaire tout, qui tient le reste de la nation dans ses dépendances, par mille liens physiques et moraux; qui enfin, seule forte et seule laborieuse, ne peut pas voir son activité, ses qualités personnelles et ses nombreux services méconnus dans le partage des pouvoirs publics.

Il résulte aussi que le renouvellement des députés doit être assez fréquent, pour que ces derniers ne cessent pas un instant d'être en contact avec leurs commettants, pour qu'ils aient des intérêts toujours identiques, pas trop fréquents cependant pour éviter les inconvénients d'élections continuelles, pour prévenir les pertes de temps et les agitations qu'elles entraînent, pour donner enfin, soit aux ministres, soit aux mandataires électoraux, le temps de développer un système quelconque de travail dans la grande mission qui leur est confiée.

Telle est l'organisation du pouvoir législatif; mais les lois imposent à tous les citoyens des droits et des devoirs; elles distribuent des faveurs et des charges, des avantages et des sacrifices; exerçant enfin une certaine action sur tous les membres de la société, elles auront donc besoin d'un intermédiaire ou d'un pouvoir exécutif pour être appliquées.

Il sera parfait cet intermédiaire, si ses mouvements, libres et réguliers, sont en harmonie les uns avec les autres, si, de proche en proche, sa surveillance et ses ordres sont promptement et infailliblement portés dans toutes les ramifications de l'arbre social, et si, par suite, la nécessité et l'intérêt lient chaque agent du pouvoir exécutif à son devoir, dirigent tous ses efforts vers le but commun d'utilité, auquel il est appelé à concourir.

Or, ce résultat sera plus ou moins atteint, si une responsabilité légale, aussi inévitable que possible, pèse sur les magistrats ou les fonctionnaires, et si une responsabilité morale, complément de la première, si des sentiments éclairés et épurés, unis à des principes religieux, viennent arrêter jusqu'aux coupables intentions.

La promptitude et l'harmonie existeront dans tous les mouvements de l'administration publique, si un chef unique préside cette dernière, si le souverain inviolable, première branche du pouvoir législatif, agit ou ne peut agir que par l'intermédiaire de ministres choisis par lui, il est vrai, mais responsables vis-à-vis les chambres, de manière à rester ainsi tout-puissant pour faire le bien, et hors d'état de faillir.

Entrant dans quelques détails au sujet de l'ordre judiciaire en particulier, ou de cette partie de l'autorité publique, chargée de juger toutes les contestations particulières, ou de punir tous les délits et crimes, on voit que les membres de cet ordre si important, doivent être nommés par le roi, pour éviter les embarras et les agitations des élections populaires, pour soustraire les juges dans chaque localité, à l'influence d'une aristocratie électorale, pour parvenir à une meilleure répartition de la justice sur tout le royaumé, pour mieux adapter les ma–

gistrats aux besoins de chaque contrée, pour ne pas enfin isoler les diverses branches du pouvoir exécutif, qui, comme on a vu, aboutissent toutes au souverain. Mais, pour maintenir les avantages du système et en écarter les abus, on établira, autant que possible, des modes fixes de nominations et des règles d'avancement, qui dispensent les membres de la magistrature de recourir jamais à des sollicitations incompatibles avec leurs honorables fonctions.

Les juges étant les organes inflexibles de la loi, devront donc être inamovibles et indépendants, par suite du pouvoir qui les a institués, afin de protéger, au besoin, contre le gouvernement lui-même, les citoyens, en jouissant d'ailleurs de cette considération, de ce repos ou de cette liberté d'esprit nécessaire à l'exercice de leur noble profession, et en s'identifiant de plus en plus avec les idées d'ordre, de justice, de conservation et de morale publique.

Il ne peut donc y avoir exception pour ce principe d'inamovibilité que lorsque le juge, réduit pour ainsi dire au rôle d'arbitre ou de conciliateur, aura, par suite, besoin d'entretenir constamment avec ses justiciables des liaisons d'affection et de confiance plus intime, ou que lorsque les fonctions dont il s'agit, plus multipliées, moins importantes, et, par suite, placées en moins bonnes mains, auront besoin d'une surveillance plus spéciale et plus continue.

La justice, au reste, devra toujours être rendue publiquement, après le débat contradictoire des parties ou de leurs défenseurs, sur les conclusions ou en présence des procureurs du roi, et sauf appel de la part des condamnés, à ces juridictions supérieures de plus en plus éclairées, indépendantes et impartiales, afin que les magistrats ainsi placés sous les yeux du pouvoir ministériel et du pays, et sans cesse surveillés les uns par les autres dans leur ordre hiérarchique, ne puissent jamais s'écarter un instant de leur devoir.

Malgré l'inamovibilité des juges, leur indépendance, malgré enfin l'intérêt que de pareils magistrats prendront toujours au maintien des lois de justice et de morale sans lesquelles il ne peut y avoir ni bonheur ni sécurité publique, malgré toutes ces garanties, disons-nous, il sera encore à désirer qu'en matière criminelle, que dans les délits politiques de la presse et autres intéressant le pouvoir exécutif, des jurés choisis au sort, aussi justes et aussi fermes que possible, prononcent la culpabilité de l'accusé.

En joignant cette institution d'un jury pris dans les classes aisées et éclairées de la société, à la suppression de tout tribunal exceptionnel, à l'abolition de la confiscation qui semblerait être une odieuse prime offerte aux condamnations, en la réunissant encore au droit de grâce confié au roi, pour réparer au besoin ces injustices particulières quelquefois inséparables de l'application textuelle ou rigoureuse des lois, on aura protégé, autant qu'elle pouvait l'être, l'existence des personnes dans la loi fondamentale; c'est au pouvoir législatif, averti par l'opinion, à faire maintenant le reste, à veiller au développement des principes précédents, à compléter et épurer nos codes, à en assurer l'application, et surtout à empêcher que ce jury ou cette nouvelle magistrature introduite dans l'Etat, et qui ne pourra être exercée par tout le monde, d'un côté, n'abandonne, par faiblesse, la société aux attaques de certains partis en assurant l'impunité des coupables, et d'un autre côté, ne porte trop atteinte au principe de l'égalité civile, en concentrant, chez une certaine partie de la société, le droit exclusif d'appliquer les peines et les répressions.

Après cet exposé de séduisantes combinaisons gouvernementales, faut-il ajouter maintenant que tout cet équilibre, pondération ou consolidation de pouvoir, n'ont pu prévenir ni contenir une insurrection de trois jours, à la suite de laquelle l'opinion, remise en possession du gouvernement, s'est retrouvée, moins que jamais, d'accord sur tous les principes constitutionnels dont on vient de parler.

Il est évident qu'en liant ainsi trois pouvoirs plus ou moins antipathiques ensemble au sommet de la pyramide sociale, sans dire, comme à l'ordinaire, que, dans les cas de partage rendus inévitables par les rivalités, susceptibilités, opiniâtretés ou erreurs humaines, un des trois serait prépondérant, ou ne céderait qu'aux deux autres réunis, c'était donner à cette opinion, c'est-à-dire, au journalisme et aux ambitions les plus actives du pays, la certitude de renverser de temps à autre le système, en reprenant la souveraineté; c'était enfin donner et ne pas donner à la fois un gouvernement à la nation, en transigeant sans franchise avec l'esprit de révolte et d'usurpation.

Les nations sont trop éclairées, dit-on, pour s'exposer maintenant au gouvernement d'un seul; mais, au souvenir récent de toutes ces déceptions ou mécomptes politiques, à la vue de dissensions et agitations plus ou moins graves, qui font même trembler l'Angleterre sur ses vieux et solides fondements, qui ensanglantent l'Espagne et le Portugal, qui nous affaiblissent, nous démoralisent, nous flétrissent ou usent nos plus brillantes facultés, en présence, disons-nous, de cette série de tentatives si malheureuses, ne pourrait-on pas se demander s'il n'y aurait pas plus de sagesse encore à revenir à son point de départ, en s'apercevant enfin que, représentation pour représentation, il sera toujours impossible d'en trouver de plus nationale, de plus vraie, de plus paternelle et de plus identifiée avec l'intérêt général, que la royauté héréditaire, lorsque surtout, par des institutions complémentaires de famille et autres, on préviendra autant que possible ses inconvénients particuliers, les dangers ou chances des interrègnes, des mauvais règnes, des dissensions princières et autres accidents.

Il faut avouer que nous, philosophes du dix-huitième siècle, si fiers de notre savoir, nous nous sommes peut-être moins compris que les Grecs du Bas-Empire dans leurs disputes scolastiques ou théologiques, lorsqu'avec une présomption plus ou moins inconcevable, nous avons pensé pouvoir jeter les bases d'un ordre social tout entier, concilier les masses divisées par mille intérêts et jalousies diverses; enfin, réglementer à l'avance, avec quelques articles de constitution, cette infinité de besoins, collisions ou éventualités inséparables de l'administration d'un grand royaume.

De ce que la moindre des conventions rédigée sur une affaire la plus simple possible, va presque toujours engendrer des procès ou difficultés plus ou moins nombreuses, ne devait-on pas en conclure avec un peu de réflexion, surtout avec un peu d'expérience des hommes et des choses, qu'en voulant ainsi régler sommairement, non pas seulement les prétentions ou intérêts particuliers prévus en détail dans les codes, mais encore ceux des différentes classes de la société (encore moins conciliables entr'elles que les individus, comme on a vu, et qui, dans tous les cas, n'ont plus au-dessus d'elle un tribunal entièrement désintéressé pour les juger), ne devait-on pas s'attendre, dit-on, à tous ces débats, à tous ces commentaires, interprétations et luttes sans fin, qu'ont sans cesse produits, et que certainement produiront encore les plus belles constitutions du monde ?

Au reste, en reprenant ici nos critiques sur la charte de 1814, il est évident que cette trinité législative, que cette pondération de pouvoirs prétendus, indépendants les uns des autres, ou ce mécanisme constitutionnel, ne devait trouver de mouvement ou de jeu régulier qu'autant que les deux chambres se soumettraient, jusqu'à un certain point, à la royauté, puisque cette dernière, dans la plénitude de ses droits, et ne regardant le refus de l'impôt que comme une menace ou moyen extrême de subversion commune, dont il était impossible de faire usage, pouvait à volonté briser la majorité des pairs, de ces arbitres modérateurs du gouvernement, et suspendre indéfiniment le système représentatif, en exerçant abusivement, et coup sur coup, son droit de convocation, de prorogation et de dissolution.

Mais les inconséquences, les contradictions, défauts ou omissions de la loi écrite (auxquels on a espéré, à ce qu'il paraît, remédier par la responsabilité morale, comme dans les gouvernements absolus), ne se bornent pas là ; en effet, sans reparler du tarissement subit, en tout et en partie, des revenus nécessaires au gouvernement, qui ne pouvait pas davantage être érigé en prérogative constitutionnelle, que le droit de s'entre-détruire ou de s'entre-poignarder, en cas de désaccord, on sent que l'inviolabilité royale, à son tour, pouvait de son côté connaître certaines limites, en cas de folie, passions désordonnées ou maladies diverses ; on s'aperçoit surtout que les vacances possibles du trône et les régences, que la révision de la constitution, et même sa suspension dans des circonstances extraordinaires de guerres ou révoltes, ne devaient point, entre autres sujets, être oubliés dans la loi fondamentale.

La propriété est inviolable, la confiscation est abolie, nul ne peut être distrait de ses juges naturels, est-il écrit; mais que deviennent ces garanties, on le demande, si, par des lois non abrogées (art. 68 de la charte), une contrée peut être mise en état de siége, si les personnes et les choses peuvent rentrer sous le régime militaire au gré du pouvoir, si, d'après la maxime que le salut de tous est la suprême loi, on peut, comme pour sauver un navire, ou arrêter un incendie, prendre toutes les mesures possibles; si l'administration, en vertu de son droit réglementaire, qui n'est limité nulle part, peut exiger des passe-ports, des ports d'armes, ou restreindre de diverses manières les libertés particulières; si elle peut imposer des amendes et autres peines, si elle peut exproprier, prescrire des travaux d'office, et intervenir, comme elle entendra, sous prétexte d'ordre et de sûreté publique, dans la jouissance de nos biens et de nos facultés diverses; si elle peut interrompre le cours de la justice, en élevant des conflits, arrêter préventivement qui bon lui semble, en tout temps et en tout lieu; si elle doit nommer, récompenser et répartir les magistrats du royaume; si les jurés (ces juges inexpérimentés du fait, qui, dans ce moment, pris exclusivement dans la classe moyenne, ne peuvent, pas plus que les députés, être justes pour tout le monde) se trouvent eux-mêmes choisis, jusqu'à un certain point, par l'autorité exécutive; si enfin, cette dernière, avec son droit de paix et de guerre, avec son devoir de prononcer d'urgence, et d'engager l'Etat, trouve dans les immenses détails d'une vaste administration, mille prétextes plausibles pour échapper à ses obligations, pour faire servir à ses propres fins les règles ou les contrôles qu'on lui aura imposés, pour exécuter parfois, dans ses vues particulières, les lois électorales elles-mêmes, d'où doivent sortir ses prétendus surveillants, et, dans tous les cas, pour changer à son gré, ou modifier plus ou moins dans l'application, la direction ou la marche qui lui sera indiquée par la législature.

Au reste, sans continuer ici des critiques qui ne deviennent que trop faciles, passons aux événements de 1830, qui, mieux que tous les discours du monde, prouveront, par l'expérience ou par les faits, que ces chartes, seules capables, suivant leurs nombreux admirateurs, de procurer la stabilité aux nations, ou de fermer pour jamais l'abîme des révolutions, n'ont pu elles-mêmes se défendre, en temps de paix et de prospérité générale, contre les erreurs, les opiniâtretés et les exigences mutuelles d'une royauté et d'une opinion publique en présence, qu'on avait si bien su, disait-on, rendre toutes puissantes pour le bien, et impuissantes pour le mal, à l'aide de sages combinaisons, et notamment de cette ingénieuse responsabilité ministérielle, destinée en théorie à prévenir infailliblement les attentats, tout en respectant l'inviolabilité royale.

# CHAPITRE 7.

## De la Révolution de 1830.

Commençons ce chapitre en observant que les révolutions se ressembleront toujours jusqu'à un certain point ; elles pourront, suivant les circonstances, suivant les temps et les lieux, être plus ou moins sanglantes, il est vrai, mais elles ne tiendront jamais à être conséquentes ou logiques dans leurs déterminations et triomphes ; dès le moment surtout que la force brutale et matérielle aura été appelée à l'aide des partis vainqueurs, ces derniers oublieront sur-le-champ les principes pour lesquels et au nom desquels ils auront combattu, pour invoquer et exploiter de nouveau l'arbitraire absolu sous le nom de dictature, ou, ce qui revient au même, sous le masque trompeur de la souveraineté populaire, dont ils se déclareront les organes exclusifs dans cette circonstance, en lui faisant alors décider tout ce qui leur conviendra.

Certes, si, sous notre régime représentatif, le soulèvement de l'opinion, ou une insurrection générale, est malheureusement nécessaire, toutes les fois que l'un des trois pouvoirs législatifs cessera d'offrir son concours aux deux autres, ou qu'il sortira de la charte par excès d'absolutisme ou de démocratie, dans ce cas, en n'adoptant qu'une des trois représentations nationales, on joindrait à l'avantage de la simplicité et de l'unité celui de laisser cette opinion, dans l'occasion, exercer plus librement son contrôle souverain et infaillible, et cela, sans être arrêtée, provoquée ou influencée mal à propos par des pouvoirs rivaux de celui qu'il s'agissait de modifier, réprimer ou punir, et surtout, sans donner lieu plus tard à ces récriminations entre les autorités déchues et celles survivantes, ou à une confusion et anarchie plus ou moins prolongée.

Dans tous les cas, la fin du règne de Charles X devient un nouvel argument en faveur du régime absolu, puisque, dans cette occasion, l'insurrection générale a joué son rôle, ni plus ni moins que sous un despote ou tyran quelconque, en hostilité avec son peuple, et, ce qui est une preuve plus décisive encore, puisque ce vieillard, plus aveugle que coupable, avec des chambres non rivales en pouvoir, mais seulement cousultatives et respectueuses à son égard, se serait probablement trouvé tout aussi libéral que l'exigeait son intérêt et celui de la France, en nous épargnant alors cet affligeant spectacle de députés qui se font de nouveau constituants suivant l'usage de leurs devanciers, qui brisent, à cette occasion, ou mutilent les deux autres représentations nationales (la royauté et la pairie), en improvisant, qui plus est, une nouvelle charte à la place de celle qu'on avait juré de défendre.

Il a été démontré le plus péremptoirement du monde, en 1830, qu'un pareil acte, il est vrai, loin d'empêcher les révolutions ou les explosions populaires, pouvait au contraire les faciliter ou les faire naître à la suite de ces susceptibilités ou irritations réciproques des pouvoirs pondérés dont chacun semblait ainsi destiné, dans l'occasion, à servir de point de ralliement ou à organiser la révolte contre ses rivaux ou associés; mais comme on semble avoir tiré une conclusion toute contraire des faits survenus, que, pour empêcher dorénavant la société de retomber en dissolution, on a étendu, au lieu de restreindre, ce qu'on appelle les libertés nationales; comme on a persisté à croire, ainsi qu'en 1789, qu'une nation pouvait se faire un contrat à soi-même ou un engagement certain, alors qu'elle n'aura aucun tribunal supérieur pour forcer chacune de ses trois représentations législatives à marcher dans le sens et avec cet accord qu'on a la bonté de leur recommander; comme à cette pondération, à cet édifice si peu stable de 1814, qui, sans intervention de force armée, s'est écroulé en pleine paix devant des erreurs et des passions malheureusement très-ordinaires et très-naturelles, a succédé un prétendu équilibre d'autorités encore plus divisées et plus disparates qu'auparavant, ou moins susceptibles de s'entendre un peu dans un avenir plus ou moins prochain;

Comme, enfin, on ne peut pas sérieusement et raisonnablement supposer ici que, pour laisser plus d'essor à certaines passions, nos constituants n'ont eu en vue qu'une ombre de gouvernement, ou, ce qui reviendrait presque au même, qu'un pouvoir tenu en équilibre au point d'être renversé au premier souffle de ce qu'on appellera l'opinion publique, laquelle, comme toujours, ne sera que l'expression du parti le plus fort, et peut-être malheureusement d'une minorité perverse, nous allons, par tous ces motifs, jeter un nouveau et rapide aperçu sur la charte de 1830, en ne s'arrêtant un peu que sur les modifications qu'elle apporte à celle de 1814, et, dans tous les cas, en trouvant, plus que personne, oiseuses et fastidieuses les réflexions critiques que nous allons émettre sur des dispositions législatives beaucoup plus incohérentes, plus contradictoires ou moins pratiques souvent que les chapitres les plus mal rédigés de nos codes.

Commençant donc par la section du droit public des Français, nous répéterons que cette puérilité ou banalité, que cette promesse emphatique de liberté et d'égalité qui n'en est réellement pas une, n'oblige à rien tout gouvernement établi, et se réduit à n'être ainsi qu'une source de discussions anarchiques pour les masses, ou qu'un répertoire de prétextes révolutionnaires à l'usage de tous les agitateurs présents et futurs. Il est facile, en effet, de proclamer l'égalité dans les articles 1, 2 et 3 de la charte; mais qu'on arrive à la pratique ou à l'application des principes, et on verra si on peut juger, administrer, lever des impôts, décerner des emplois, sans entrer dans mille considérations individuelles ou sans se prêter à toutes ces inégalités sans nombre que la nature, l'âge, l'éducation, le droit de propriété et autres introduisent forcément parmi les hommes.

Si le système d'impôt que nous a heureusement légué le pouvoir fort de l'empire n'existait pas, il ferait beau voir comment chacun entendrait alors ces mots : *contribuer dans la proportion de sa fortune*, et comment l'administration, de son côté, pourrait concilier à la fois la possibilité, la sûreté, la moralité de la perception, et mille autres conditions plus ou moins difficiles ou contradictoires qu'elle doit remplir dans cette occasion. Au reste, que n'a-t-on pas dit sur les contributions progressives dues par le riche, contre l'impôt des boissons, du sel et autres consommations du pauvre, contre le monopole du tabac, contre l'immoralité de la loterie, contre la nécessité de favoriser ou d'entraver telle ou telle industrie, telles ou telles opérations, ainsi de suite?

Quant à la promesse potestative et illusoire de liberté (art. 4), quelle garantie donne-t-elle, même contre de nouvelles lettres de cachet, contre les exils, contre les abus des arrestations et détentions préventives, contre ceux de la puissance paternelle, de la contrainte par corps, contre l'obscurité des textes légaux et notamment du flagrant délit, contre l'erreur et la malveillance des juges, des jurés et des dépositaires de la force publique, contre les règlements de la police, ses exigences sur les passe-ports et autres, qui ne sont limitées nulle part?

Que signifie aussi cette même protection pour tous les cultes (article 5), puisqu'il dépendra du gouvernement (art. 6) de les salarier comme il l'entendra, en rétablissant ainsi, de fait, des religions dominantes et privilégiées qu'on a effacées de la charte de 1814?

L'article 7, sur la liberté de la presse, abolit la censure, il est vrai; mais, comme la loi peut prononcer des peines quelconques et effrayer par sa sévérité, qu'on peut prendre toutes sortes de précautions contre les écrits, imposer à ces derniers des cautionnements, des taxes et autres entraves préalables et postérieures à leur publication, on voit donc que la charte ne concède encore rien ici de positif, qu'elle ne fait qu'une promesse mensongère et illusoire, indigne du législateur, en laissant au pouvoir établi presque autant d'arbitraire qu'auparavant pour restreindre ou étendre la liberté dont il s'agit.

Comme la seule chose vraie et incontestable en politique, est que les sociétés ont le droit de veiller à leur sûreté et de rechercher leur bien-être par tous les moyens possibles, même en contredisant, s'il en est besoin, les maximes les plus sacramentelles de 1789, et comme la liberté de la presse, à l'instar de toutes les facultés humaines, peut faire beaucoup de bien et beaucoup de mal, il était donc évident, dans tout état de civilisation, que l'abus de l'arme dont il s'agit, comme celui de tout autre instrument, devait être réprimé et même prévenu au besoin.

En un mot, on n'avait pas davantage à parler de la liberté de la presse dans la charte, que de celle de manier un fusil ou un couteau, que de la faculté de se servir de ses membres, sauf à appliquer, plus tard, les articles des codes contre quiconque nuit à autrui ou au public d'une manière quelconque, après avoir fait, dans ce cas, apprécier les faits, les actions coupables par des juges aussi éclairés et aussi désintéressés que possible, qui sauront poursuivre et punir la malveillance sous tous les masques et sous toutes les formes possibles, alors qu'elle se cachera non-seulement dans des écrits imprimés et autres, dans des pièces de théâtre, dans des gravures ou dessins quelconques, dans des sculptures, médailles, allusions, gestes et manifestations publiques de tout genre, qu'il est, bien entendu, impossible d'énumérer complétement à l'avance.

Sans doute, si la liberté de la presse est, de toutes les armes ou de toutes les facultés humaines, réellement la plus importante et la plus dangereuse, celle qui peut à la fois rendre le plus de services à la société et lui causer de plus grands maux, alors ce sera une raison, il est vrai, de donner à ses délits des juges aussi élevés, aussi impartiaux et aussi capables que possible (afin de recueillir les avantages de la chose sans ses inconvénients), mais non de sortir du droit commun ou d'inventer une législation nouvelle et spéciale pour une classe d'actions qui, sous le rapport de la culpabilité, rentrent dans celles interdites par nos codes. Si les tribunaux de première instance paraissent insuffisants pour prononcer contre les délits de la presse, qu'on en charge alors un certain nombre de conseillers de cour royale, tirés au sort; qu'on donne à la cour de cassation le droit, pour ce cas particulier, de renvoyer la cause devant une autre cour, alors même que les formes légales auraient été maintenues; qu'on accorde même, s'il le faut, à une commission annuelle de la chambre des pairs, celui de renvoyer la même affaire à une troisième cour du royaume, tirée au sort; mais, après tous ces égards inouïs en faveur de la liberté de la presse, après cet éclatant hommage rendu aux travaux de la pensée, il faudra que la malveillance, lettrée ou non lettrée, soit réprimée si on veut que la société ne renonce pas entièrement à un droit au moins aussi sacré que celui des journalistes, au droit naturel de défendre sa propre existence.

Les cours royales, va-t-on répéter, seront intéressées à sévir contre la presse qui les surveille avec tous les autres pouvoirs publics, mais est-ce que les jurés actuels, choisis dans une classe particulière d'intérêts et d'opinions, ne sont pas, de leur côté, des juges non-seulement moins éclairés en général et beaucoup moins identifiés avec l'ordre public, que les conseillers inamovibles des cours royales, vieillis dans la méditation et la pratique des lois, mais encore beaucoup plus partiaux et plus prévenus en faveur ou contre les divers accusés de délits de presse? est-ce qu'il ne suffira pas à un journal de flatter tel ou tel parti, de combattre tel ou tel préjugé pour être assuré d'avance de sa condamnation ou de son acquittement? Qu'étaient, au reste, on le demande, les jugements de la presse sous les jurés des années 1793 et suivantes?

Dans toute la nation il n'y a que le roi héréditaire seul, si on y réfléchit bien, qui soit placé au-dessus de toutes les prétentions ou préventions particulières, ou qui, par position, ait intérêt à ce que justice soit indistinctement et complétement rendue à tout le monde; mais, à défaut d'un pareil tribunal, on ne voit pas pourquoi des juges qui, dans toutes les autres circonstances, décident de l'honneur et de la fortune des citoyens, ne pourraient pas aussi apprécier et punir les délits de la presse.

En résumé, avoir discuté, comme on l'a fait depuis 89 jusqu'à ce jour, la liberté de la presse, c'est avoir transigé avec les usurpations, avoir parlementé sans cesse avec le journalisme envahissant ou avec les prétentions lettrées, révoltées et anarchistes, lesquelles, suivant le droit commun, doivent être tolérées et protégées quand elles ne nuisent pas à autrui, et être réprimées, dans le cas contraire, en acceptant alors pour juges ces gardiens légaux qui, dans ce moment, veillent si fidèlement et si consciencieusement sur nos propriétés et nos personnes.

Ce n'est pas tout, au risque, suivant l'ordinaire, d'être comparés au serpent de la Fable qui mord la lime, nous pensons que non-seulement le pouvoir législatif, dans son omnipotence sociale, doit imposer ou taxer les journaux au moins aussi fortement que les autres industries, que la police doit user à leur égard de son droit réglementaire et préventif au besoin, mais encore qu'il faut subventionner publiquement des feuilles quotidiennes, lesquelles (organes avoués des chambres et des ministres) pourront, par suite, être distribuées à très-bas prix, en alimentant la curiosité publique ou en la détournant, autant que possible, de lectures plus dangereuses ou plus subversives de tout ordre social.

Laissant les articles 8, 9, 10 et 11 qui, en 1830 surtout, devenaient encore plus superflus ou plus inutiles que les précédents, nous retrouvons (art. 12) cette inviolabilité royale qui a cessé principalement d'exister en pratique dès le moment qu'on l'a inscrite en théorie sur les constitutions, et cette puissance exécutive qu'on sépare de celle législative, bien qu'elle n'en soit qu'une dépendance immédiate, ainsi qu'on l'a déjà dit.

La dignité du roi est héréditaire de mâle en mâle, par ordre de primogéniture, à l'exclusion des femmes (déclaration du 7 août 1830, qui devait ici compléter la charte) ; quant aux minorités et interrègnes, on y pourvoira, en attendant de nouvelles lois sur cet objet, par le sénatus-consulte du 28 floréal an XII, par la constitution de 1791, ou autres lois secondaires, non entièrement abrogées.

Arrivant à l'article 13, on y a supprimé avec raison les mots qui, par une fausse interprétation, semblaient rendre possible la dictature, en même temps qu'on a exigé le consentement des chambres pour le service des troupes étrangères.

Sans répéter ce que nous avons déjà dit dans la revue de la charte de 1814, nous observerons d'abord, relativement aux modifications constitutionnelles votées en 1830, que l'initiative des lois enlevée au roi, est d'une assez faible importance, ainsi qu'on l'a déjà remarqué; qu'il en est de même de la publicité donnée à la chambre des pairs, qu'il en est de même encore des articles 35 et 37, qui laissent les électeurs et les députés se choisir leurs présidents; quant à celui 31, qui nomme les députés pour cinq ans, au lieu de sept, et en laissant regretter le renouvellement annuel par cinquième, il tend, comme on voit, à accroître l'influence des électeurs aux dépens de celle des députés, obligés, dans ce cas, de venir plus souvent rendre compte de leur mandat à leurs commettants.

Enfin, passant sous silence la prétendue abolition des cours prévotales ou spéciales, qui ne résulte point positivement du nouvel article 54, puisque ce dernier ne dit pas ce qui est ou ce qui n'est pas commission exceptionnelle ou tribunal extraordinaire, qu'il ne s'explique pas notamment sur les conseils de guerre, les tribunaux maritimes, sur les conseils de discipline, ceux de préfecture, et sur les jugements de police, nous arriverons à des réformes ou modifications malheureusement plus positives et plus réelles que les précédentes.

D'abord, en abaissant l'âge électoral de trente à vingt-cinq ans, on devait, par cette concession faite à la jeunesse du temps (art. 34), encourager de plus en plus ces tendances démocratiques, qui se marient avec les idées généreuses du premier âge, et dont on ne peut bien apercevoir les dangers, qu'après avoir un peu longuement expérimenté la vie sociale, ou qu'après avoir été soi-même un peu exposé, suivant les circonstances, à ces réclamations, jalousies ou menaces, dont souvent les positions les plus légitimement acquises, ne se trouveront même pas entièrement à l'abri.

Mais ces tendances ont triomphé bien davantage, quand, dans une loi électorale, promesse ou dépendance de la charte de 1830, les conditions pécuniaires de l'éligibilité, et surtout celles de l'électorat, ont été réduites à deux cents et cinq cents francs, au lieu des trois cent et mille, exigés en 1814.

Après cette loi d'élection, qui a plus de gravité et de portée à elle seule que toute la charte, puisqu'au lieu de proclamer des maximes plus ou moins vagues, qu'on interprète ensuite à sa manière, qu'on élude ou qu'on n'applique pas, elle a bien réellement et sérieusement mis en possession du gouvernement une classe de propriétaires ou de petits contribuables, à l'exclusion du reste de la nation, et en opposition avec les grandes fortunes territoriales et autres, qui ne peuvent pas ne pas être vaincues dans cette lutte de suffrages recueillis par tête, ou qui, comme toutes les minorités possibles, se trouveront ainsi en fait n'avoir souvent qu'une participation mensongère, dérisoire ou négative, à toutes les décisions gouvernementales, ou à toutes les nominations auxquelles la charte leur donne un concours qui n'en est réellement pas un. Après cette conquête, disons-nous, la démocratie, non-moins anti-constitutionnelle et violatrice des lois que Charles X, renverse le trône, mutile la pairie, et, dans un accès d'étroite et aveugle jalousie, abolit l'hérédité de cette dernière (art. 68), comme pour isoler et affaiblir de plus en plus la dynastie de son choix, en la privant des appuis ou des existences analogues à la sienne, en temps de crise, et, dans tous les cas, en supprimant à peu près de fait ce pouvoir modérateur, qu'on avait voulu placer entre la couronne et la classe moyenne en présence.

Indépendamment de cette grande atteinte portée à la stabilité sociale, la charte de 1830, dans son article 69, pose en principe l'application du jury aux délits de la presse et à ceux politiques, ce qui, en d'autres termes, revenait, suivant l'usage des révolutions, à demander l'impunité ou une très-grande indulgence en faveur du parti triomphant ou des classes victorieuses, et une très-grande sévérité contre les partis contraires.

Cette même charte réclame ensuite la responsabilité des ministres et des autres agents du pouvoir, lequel, comme on a vu, d'après les prétentions et interprétations démocratiques, devient un véritable escamotage du pouvoir royal, surtout lorsqu'on prend soin, comme en 1830, de ne point énoncer ou définir d'avance les crimes pour lesquels il y aura poursuite, en laissant ainsi les ministres qu'on dit appartenir au roi, dans une dépendance arbitraire des chambres, ayant alors comme l'épée de Damoclès suspendue sur leur tête.

Les réélections de députés promus à des fonctions publiques, étant peu importantes, le vote annuel du contingent de l'armée, des lois convenables sur l'état légal des officiers de terre et de mer, ou sur une liberté d'enseignement (qu'il ne faut pas ici prendre à la lettre, ou qui ne peut pas ne pas être restreinte en pratique), ne donnant lieu à aucune objection, surtout si on y procède avec la sagesse ou modération désirable, il ne nous restera qu'à parler de l'organisation de la garde nationale et du système électif introduit non-seulement dans cette force armée, mais encore dans les institutions départementales et municipales.

Il est inutile de répéter ici que les élections, à la suite de leurs agitations, intrigues et démoralisations, n'aboutissant, au bout du compte, qu'à la tyrannie des minorités par les majorités, ou qu'à de véritables monopoles du pouvoir public en faveur des coteries, ne sont donc pas, ni dans l'intérêt véritable du peuple, comme on l'a répété si souvent, ni dans celui de l'équité, de la morale, de l'égalité et d'une sage liberté.

En y réfléchissant bien, l'ordre et la justice ne peuvent que descendre du haut en bas de la pyramide sociale, en prenant leur source au point de départ, dans la royauté, c'est-à-dire, dans un pouvoir heureusement placé au-dessus et en dehors de toutes les prétentions particulières, et de manière à n'avoir plus, pour son grand et constant intérêt, que celui de maintenir au-dessous de lui le plus d'harmonie ou d'accord possible entre toutes ces tendances disparates, ou que celui d'accroître cette paix, ce bonheur et cette sécurité générale, véritable patrimoine de la famille régnante.

Sans doute les rois peuvent payer leur tribut à l'ignorance et à la faiblesse humaine, et oublier parfois que la justice, la félicité et la tranquillité publique leur ont été, pour ainsi dire, données en propriété, afin que (dans cette institution si simple, et cependant si admirable de la monarchie) le premier gouvernant identifié ou confondu d'intérêt avec les gouvernés, ne vît jamais, dans le bien général, que le sien particulier; mais si, pour remédier à de pareilles erreurs ou dangers, la religion, l'éducation, les conseils et les institutions de famille, les entourages intimes et de grand poids, l'influence salutaire et réciproque des souverains limitrophes, qui, plus que jamais en communication et en solidarité les uns avec les autres, ont un si grand intérêt commun à maintenir la morale et la justice sur tous les trônes du monde ; si, dit-on, ces moyens et autres sont malheureusement impuissants pour prévenir les fautes, les inconduites royales, il n'est pas à présumer alors que des représentations nationales, que des insurrections ou des explosions subites de ce qu'on appelle l'opinion publique, puissent faire mieux, et on sera obligé, dans ce cas, de supporter les inconvénients momentanés de la monarchie, pour pouvoir, en temps plus heureux, jouir de ses avantages incontestables.

Nous pourrions malheureusement, à l'appui de ce qui précède, rappeler ici l'exemple trop récent d'un roi puni de son inconstitutionnalité par des surveillants ou des juges bien plus inconstitutionnels encore, et celui plus récent d'une assemblée législative (de ce contrôle si nécessaire, si infaillible de la royauté), dont une partie ou fraction, dans ses aveugles ambitions ou rivalités, se ligue avec l'opposition systématique, pour, à l'instar des émeutes, abattre à tout prix la majorité gouvernementale, qu'on était d'ailleurs bien assuré d'avance de ne pouvoir ensuite reconstituer d'une manière durable (par suite de la défection inévitable de ses nouveaux alliés), sans compter sur l'asservissement ou l'intimidation des gouvernants, à qui on aura ainsi odieusement et illicitement arraché le pouvoir ; mais comme ces citations mèneraient trop loin, revenons à la garde nationale, et autres prétendues libertés conquises en 1830.

Si, comme dans la capitale, en temps de trouble, le commerce et la propriété se trouvent sans cesse inquiétés ou menacés par une populace nombreuse, ou par cette partie malheureuse et corrompue de la population des très-grandes villes, tout ce qui possède, s'armant alors dans un but commun de sécurité, et pour se défendre du pillage, il résultera de ce concours unanime, de cette réunion de pères de famille ou de chefs de maison, une force publique éminemment morale et respectable, qui imposera aux émeutiers eux-mêmes, en prévenant souvent des collisions sanglantes, et qui, dans tous les cas, marchant à côté des soldats armés, guidera sans cesse ces derniers dans le sentier du devoir, en leur montrant à chaque instant où est l'ordre à défendre, où est le désordre et la révolte à réprimer; sans doute, cette milice bourgeoise, non soumise à cette discipline rigoureuse, à cette obéissance passive et nécessaire des troupes ordinaires, pourra, après la cessation des troubles ou des attaques contre lesquels elle aura été armée et organisée, se trouver en butte à l'esprit de parti, aux divisions, aux intrigues et menées révolutionnaires; mais, en évitant, autant que possible, de la rassembler, et surtout de l'armer en temps de calme, et lorsqu'il n'en sera plus besoin pour la défense commune des propriétés, on conservera, jusqu'à un certain point, les avantages de l'institution, en se préservant de ses inconvénients et dangers.

Justice étant ainsi rendue à la garde nationale de la capitale, il faut convenir maintenant que l'organisation, après 1830, de celle des provinces, n'a pas été une mesure d'ordre; c'était évidemment réveiller et encourager mille prétentions, impatiences, révoltes ou vexations locales; c'était fournir des armes aux ressentiments, jalousies ou inimitiés de tous les pays et de tous les citoyens entr'eux ; c'était donner, comme on a vu à Lyon et ailleurs, un aliment à toutes les insurrections nées ou à naître; c'était enfin transporter le pouvoir public chez les masses ou majorités armées, encore moins sages, moins aisées, moins âgées ou moins conservatrices que celles électorales, chargées de nommer les députés ou les conseillers départementaux et municipaux, en rendant ainsi de plus en plus démocratique le principe du gouvernement, et en détruisant tout accord et toute harmonie entre les influences hiérarchiques ou les pouvoirs successifs de l'Etat, dont les premiers ou les législateurs trembleront plus ou moins devant les derniers, dépositaires en définitif de toute la force matérielle du royaume.

On conçoit, dans une insurrection plus ou moins générale, comme celle de 1830, que la classe aspirant au pouvoir, prenne les armes à cette fin, en alléguant, bien entendu, le maintien de la tranquillité publique, et autres prétextes spécieux; mais le gouvernement nouveau étant une fois constitué et composé par la force naturelle des choses, de supériorités ou de positions plus élevées, ou différentes de celles qui formeront la majorité des gardes nationales, ces dernières, non soumises, on le répète, à la discipline militaire ou à l'obéissance passive, substitueront donc, sur tous les points de la France, leurs tendances ou préventions particulières, à l'action des lois ou aux ordres de l'administration centrale, tout en occasionnant des servitudes et des vexations de toute espèce, aux membres les plus honorables et les plus élevés de la société. En un mot, on aura institué ou élevé de cette manière pouvoir contre pouvoir, en arrivant à la négation du gouvernement, et même à la révolte, dès qu'il sera question de protéger la perception des impôts, ou l'exécution de mesures plus ou moins onéreuses ou antipathiques à la jeunesse ou à la propriété la plus inférieure de chaque localité.

En définitif, la garde nationale, avec sa composition actuelle, ne pouvant guère servir que comme instrument de révolution, qu'à usurper le pouvoir en faveur d'une classe plus ou moins inférieure, ou étant, après le journalisme, l'influence la plus démocratique de l'époque, la plus turbulente, la plus indépendante ou la moins soumise aux lois communes, on ne devait donc pas, si on voulait réellement, après 1830, être régi par une autorité centrale, faire rencontrer à cette dernière, dans les provinces, les oppositions de masses ainsi armées, mais non disciplinées, et dont les majorités d'ailleurs, assez peu éclairées, se soumettront d'autant moins à l'obéissance passive, si nécessaire en pareil cas, qu'elles se choisiront elles-mêmes leurs propres officiers contre le gré des minorités réduites au silence, ou souvent exposées à des contacts très-désagréables, ou à des tracasseries de diverses sortes.

Au reste, indépendamment de la garde nationale dont la discipline devait être plus ou moins analogue à celle de l'armée, il fallait encore éviter d'appliquer le principe électif au choix des conseillers de départements, d'arrondissements et de communes. En effet, en outre de ces intrigues ou agitations électorales que de pareilles nominations devaient entretenir sur toute la surface du royaume, ne s'exposait-on pas de nouveau à livrer toutes les administrations de provinces à des coteries ou à des majorités qui, une fois comptées et immobilisées dans chaque localité, devaient ensuite, sans pitié et sans égard pour les minorités, régler les dépenses ou se déterminer suivant leurs convenances particulières, et non dans cet esprit d'intérêt général qui animerait un bon gouvernement central chargé de veiller sur tous indistinctement.

On a souvent semblé croire ou cherché à faire croire qu'il suffit que la minorité assiste et donne ses votes négatifs, soit à la chambre des députés, soit dans les conseils de départements et de communes, pour qu'elle soit censée concourir ou prendre sa part légale à la marche du gouvernement; mais, ainsi qu'on l'a déjà dit, à la manière dont les opinions se casent ou s'enrôlent dans toutes ces assemblées, suivant les intérêts de chacun, et sans qu'ensuite la discussion ou les plus beaux discours puissent rien changer aux déterminations prises, il est évident que les minorités souvent, et, sauf les cas rares où par leur alliance elles forment des majorités accidentelles, obtiennent moins, par leur présence aux débats, que si, absentes, elles s'étaient abstenues d'irriter, par leur opposition, leurs adversaires ou leurs vainqueurs au scrutin.

Dans tous les cas, en supposant même que le système électif pût choisir, moraliser, consolider et répartir les administrations ou distribuer les influences provinciales en proportion des intérêts à représenter, aussi-bien qu'un pouvoir central, on devait craindre, dans cette occasion, les tiraillements, ces défiances ou ce défaut d'harmonie qui allait résulter dans toute la hiérarchie gouvernementale, de ces masses électorales à cens différents, ou placés les uns au-dessous des autres, dont les droits, diminuant au fur et à mesure que la force numérique augmente, produiront des députés d'abord, puis des conseillers administratifs, puis enfin des officiers de garde nationale, séparés d'intérêt et de position, et incapables, par suite, de s'entendre un peu dans la direction à imprimer aux affaires publiques.

En résumé, la révolution de 1830 ayant été un nouveau progrès ou envahissement de la démocratie, ou, pour parler plus exactement, ayant été le triomphe ou l'avénement au pouvoir d'une classe moyenne ou d'une aristocratie plébéienne encore moins conservatrice, moins aisée et moins éclairée que celle qui gouvernait depuis 1814, nous devons, par suite, aux yeux du philosophe et du moraliste, justifier l'espèce de répugnance et d'inquiétude que nous inspire un pareil événement.

D'abord, a-t-on observé, une aristocratie légale, mélange de journalisme et de petite propriété qu'on choisira un peu trop bas dans l'échelle sociale, composera un gouvernement d'autant moins respecté et moins respectable, que les gouvernants, divisés entre eux, seront plus indisciplinés et plus indisciplinables, qu'ils auront de plus fâcheux antécédents, qu'ils seront à la fois en butte, par position, à la classe supérieure à qui ils auront enlevé le pouvoir, et à celle inférieure chez laquelle ils ne voudront pas ou ne pourront pas laisser descendre ce même pouvoir, et qu'enfin, par une contradiction manifeste, ils chercheront bien à user et à abuser de la liberté de la presse contre celles-là, sans permettre cependant à celles-ci d'imiter un pareil exemple.

Mais la démocratie, mais le pouvoir descendu trop bas, devenu trop précaire, trop instable, ne se borne pas seulement à créer un gouvernement sans unité, sans suite ou sans ordre, déconsidérant, flétrissant et démoralisant tout, destiné à gaspiller ou dilapider les ressources d'un grand pays plutôt qu'à les employer dans un vrai but de prospérité ou de défense nationale ; elle exercera encore, ce qui est beaucoup plus grave, une influence malheureuse et désastreuse sur les mœurs privées.

En effet, la démocratie (en appelant toujours de ce nom les pouvoirs publics descendus trop au bas de l'échelle sociale) venant puiser les gouvernants dans les classes inférieures, ouvrant un courant ascendant aux ambitions subalternes, favorisant les plus audacieuses d'entre ces dernières, abaissant les grands et élevant les petits, ne pourra ainsi bouleverser sans cesse les positions les plus légitimement acquises, sans porter atteinte aux idées d'ordre et de justice, sans qu'aussitôt chacun cherche à sortir de sa sphère, à s'affranchir de ce qui le gêne et le domine, sans qu'il ne rêve à de nouveaux gouvernements, à de nouveaux cultes, sans que la jeunesse impatiente ne veuille jouir, posséder et commander avant le temps, sans que les obligations diverses de tous les âges et de toutes les conditions, sans que ces devoirs sacrés d'époux et d'épouse, ceux de fils et de père, de fille et de mère, ne viennent à être plus ou moins négligés ou oubliés, sans que la misère enfin ne s'insurge jusqu'à un certain point contre la richesse et, par conséquent, contre la propriété.

De là, une société pour ainsi dire désagrégée au physique comme au moral, livrée à toutes ses passions et tendances désordonnées, les principes de la religion, de la sagesse, de la modération et de la tempérance mis à l'écart dans l'usage des facultés humaines, l'abus remplaçant l'usage dans les jouissances de la vie, les sentiments éteints, les cœurs blasés et desséchés par suite du gaspillage prématuré des sensations données à l'homme, ou par suite de cette absence de vertu, d'économie ou de règle dans les désirs.

Comme toutes les rébellions, les indépendances et émancipations marchent à la suite les unes des autres en se soutenant et se justifiant mutuellement, l'insubordination politique ne pourra donc favoriser les infériorités sociales et renverser les supériorités qu'en compromettant plus ou moins ces rapports d'obéissance et de dépendance mutuelle qui doivent nécessairement exister entre les maîtres et les serviteurs, les fabricants et leurs ouvriers, les propriétaires et les prolétaires, les officiers et les soldats, les professeurs et les élèves, qu'en faisant naître enfin dans les esprits, et souvent même à l'insu de chacun, des idées exagérées d'égalité et de liberté qui n'aboutissent qu'à la confusion des rangs ou à la complète négation de tout ordre social.

Comme personne ne peut songer à déplacer sans cesse la propriété en mettant aujourd'hui le pauvre à la place du riche, puisque, le lendemain, il faudrait recommencer la même substitution ou effectuer l'opération inverse, on voit donc que la démocratie, qui procède d'une manière plus ou moins analogue, qui, dans ses inconstances, jalousies incessantes ou impatiences de tout joug, va successivement renverser, chaque jour, les autorités qu'elle se sera données la veille, en détruisant toute stabilité, et en mettant, pour ainsi dire, l'Etat constamment au pillage de toutes les ambitions en fermentation, à la base de la pyramide sociale, on voit, dit-on, qu'une telle démocratie ne sera jamais, ni dans la raison, ni dans le progrès, ni dans le véritable intérêt de la nation. Aussi que n'a-t-on pas dit, depuis 89 jusqu'à ce jour, pour soutenir une aussi mauvaise cause que celle dont il s'agit? que de sophismes n'a-t-on pas été obligé d'entasser à cette occasion?

D'abord ç'a été au nom de la capacité qu'on a renversé ce qui était devant soi, comme si l'intelligence et l'aptitude ne se trouvaient que chez ceux qui ont leur fortune à faire; puis on a parlé de tyrannie et de despotisme à abattre, comme si le pouvoir, confié à ses nouveaux prétendants ou usurpateurs, devait cesser d'être pouvoir; puis la religion, prêchant l'obéissance, le calme et la modération dans les passions, est devenue de la superstition; puis le respect, les égards, la confiance et les préférences naturellement dues aux anciennes familles, à des positions héréditaires et non suspectes, ont été représentées comme d'injustes préjugés, ainsi de suite pour tout ce qui pouvait contrarier les nouvelles tendances ou les instincts cachés et illégitimes de la démocratie.

La classe ou minorité lettrée qui entretient ces tendances, non dans l'intérêt général, mais dans le sien propre, voulant, à tout prix, s'enrichir et parvenir par les moyens les plus prompts, se jettera d'abord dans le journalisme, dans les agitations électorales et parlementaires; puis, la carrière politique ne pouvant suffire à toutes les ambitions, on désertera les œuvres sérieuses, consciencieuses et de longue haleine, pour, dans des productions littéraires plus ou moins éphémères, dans des romans, dans des pièces de théâtre et autres compositions passagères, encenser l'idole du jour, flatter l'esprit de licence de l'époque, en ne respectant plus, ni le goût, ni la morale, ni les anciens modèles, en jetant les sexes dans les bras l'un de l'autre, en encourageant, en préconisant enfin toutes les bizarreries, tous les excès et tous les déréglements de l'imagination humaine.

Les sciences et les arts, non plus que la littérature, ne pourront se développer et prendre un essor un peu élevé au milieu de ces discussions tracassières, irritantes et rapetissantes de la politique démocratique.

L'opinion ou l'attention publique n'existant plus, pour ainsi dire, que dans les journaux ou à la tribune, plusieurs de nos savants ou de nos illustrations, très à tort, suivant nous, croiront devoir la suivre sur un pareil théâtre, en sacrifiant alors à de misérables querelles de parti, un temps et des facultés précieuses qui n'auraient jamais dû être enlevées aux travaux intellectuels.

Mais, sans reproduire ici tant d'autres reproches qu'il ne serait malheureusement que trop facile d'adresser à notre époque démocratique, bornons-nous à dire deux mots de l'industrie en général qui, grâce à l'esprit d'association, devait produire tant de miracles sous l'égide de nos libertés publiques.

En examinant de près les choses, on trouvera, il est vrai, des progrès infinis, non pas dans ces entreprises sérieuses, dans cette industrie de père de famille qui attendra ses succès du temps, des capitaux et de soins persévérants, mais bien dans les jeux de bourse, dans l'agiotage, enfin dans l'art de réaliser, presque sans peine et sans risque, de prompts bénéfices, en exploitant la crédulité et l'ignorance, au moyen de compagnies organisées à l'instar de nos assemblées délibérantes, ou sur la foi de belles et séduisantes promesses répétées par les journaux les plus accrédités, des mines, des usines, des fabriques, des chemins de fer et autres projets ou autres biens plus ou moins occultes, à produits éventuels et conditionnels, auxquels, par conséquent, on assignera les valeurs qu'on voudra, vont être achetés à des prix extravagants, par des commanditaires abusés ou actionnaires inexpérimentés, qui bientôt apprendront à leurs dépens, que toutes les belles phrases débitées sur les développements matériels à donner au pays, n'ont pas précisément pour but des travaux immédiats de production proprement dite, ou la véritable mise en valeur des ressources nationales, mais bien l'extorsion ou le soutirement des capitaux privés, à l'occasion de ces entreprises ainsi proposées, et souvent même le transport des économies du père de famille et de la veuve, chez le banquier ou spéculateur qui, donnant, par d'habiles manœuvres ou mensonges, un crédit imaginaire et momentané à ses actions industrielles, parviendra alors à émettre de véritables assignats à son profit, ou à échanger un chiffon de papier contre des valeurs réelles.

Ainsi, sans vouloir entreprendre, dans cette occasion, une espèce de panégyrique en faveur de la royauté, on voit que cette dernière, dans l'état actuel de la civilisation, après l'abolition de l'esclavage, à la suite du développement industriel et commercial, de l'accumulation des capitaux, de l'accroissement des fortunes privées, du progrès des lumières, à la suite de ce luxe, de ce repos, de ces aisances et de ces jouissances particulières, objet de l'ambition et des désirs de chacun, de ce crédit public qui, chez les modernes, tient une multitude de banques, maisons de commerce et autres existences enchaînées à la paix, à la tranquillité générale, on voit, dit-on, qu'un pouvoir central, stable et conservateur, pourra seul répondre à ces besoins ou satisfaire à ces divers intérêts, en faisant tout pour le peuple et rien par lui, c'est-à-dire en procédant en sens très-inverse de la démocratie.

Si des républiques ou aristocraties plus ou moins plébéiennes, ont existé et existent encore, c'est qu'elles ont été ou sont dans des circonstances tout à fait différentes de celles où se trouve la France. Le peuple romain, par exemple, essentiellement conquérant et superstitieux, plus ou moins étranger aux sciences et aux arts, sans industrie, sans commerce, ennemi du repos, attendant tout de la victoire, renvoyant à des esclaves toutes les occupations domestiques, n'avait donc plus besoin que d'une aristocratie militaire de patriciens pour le mener au combat.

Sparte n'était qu'une petite partie de la population, qu'une caste armée pour contenir des ilotes dont il fallait à tout moment craindre ou prévenir les soulèvements.

Athènes, comme la France, a pu, il est vrai, se laisser séduire par les discoureurs; mais cette ville ou pays borné avait, pour tomber dans cette erreur, mille raisons de climats, de caractère et d'état social qu'on ne retrouve plus chez nous.

Passant à des exemples présents, si la Suisse n'est pas encore plus déchirée par ses factions, elle le doit à la pauvreté, à la simplicité et à l'isolement de ses montagnards, et quant aux républicains des Etats-Unis, restés partisans de l'esclavage malgré le christianisme, peut-on douter qu'ils ne soient obligés un jour de se faire monarchiques comme les habitants de la vieille Europe, lorsqu'ils se seront éloignés de la simplicité des mœurs primitives, lorsque l'accumulation des capitaux et des richesses aura fait naître chez eux le goût du luxe, du repos et des arts paisibles, lorsqu'enfin la propriété, devenue plus influente, voudra naturellement mettre ses jouissances, sa tranquillité et sa fortune héréditaire à l'abri des secousses continuelles, ou des troubles extérieurs et intérieurs inhérents à la démocratie.

En un mot, comme heureusement il n'y a qu'un petit nombre de personnes qui, par tempérament, par position ou par intérêt, préféreront une orageuse liberté à ce qu'ils appelleront une tranquille servitude, concluons que la royauté héréditaire, faisant cause commune avec tous les droits ou influences légitimes, liant ensemble les temps passés, présents et futurs, solidaire avec la succession régulière des propriétés et des familles, peut seule (appuyée ou non appuyée sur le droit divin) lester et consolider une société, en lui offrant le plus fort gage de paix et de bonheur qu'elle puisse avoir.

Si le souverain régnant se distingue par des qualités personnelles, par une nombreuse et brillante famille, ce sera un grand bonheur pour le pays; mais, dans le cas contraire, la royauté n'en continuera pas moins à être respectée et respectable, et on supportera les inconvénients momentanés de l'institution, pour en recueillir plus tard les importants avantages.

## CHAPITRE 8.

### Résumé et Conclusion des précédents.

On a vu que notre système représentatif n'est, en définitif, que le pouvoir public, que les influences sociales et légales, transportées en très-grande partie, d'abord de chez le roi, chez des députés ou chez les électeurs de ces derniers par suite, puis encore distribuées à des conseillers de départements, d'arrondissements et de communes, à des chefs de garde nationale, qui, de leur côté, dépendent aussi de certaines majorités électorales, puis enfin accordées à la classe des jurés.

Ce système électif, ou cette nouvelle répartition de la puissance publique, entraînant des communications ou des discussions politiques de toute sorte, et surtout faisant appel et ouvrant la carrière à toutes les ambitions placées plus ou moins au bas de l'échelle sociale, les libertés de la presse, de la tribune, les droits de pétition et autres, vont donc être la conséquence forcée d'un pareil état de choses, puisque tout ce qui aura désir et espérance de s'élever par les élections ou autrement, pensera avoir besoin des armes de la publicité, pour agir sur les masses, et puisque chacun, suivant l'ordinaire, comptera faire meilleur usage que ses adversaires ou concurrents, de ces libertés, droits ou moyens d'influence sur le public.

De là, une foule d'écrivains, de lettrés ou de journalistes plus ou moins passionnés, qui, se lançant dans la carrière politique, se donneront la mission de conseiller et de diriger au besoin le gouvernement, en formant ce qu'on a appelé un quatrième pouvoir dans l'Etat, lequel souvent a pu en être le premier.

De cet amalgame politique de colléges électoraux à cens différents, de députés, de conseillers départementaux ou municipaux, de chefs de garde nationale et de jurés, qui, joints aux journalistes ou autres auxiliaires, complètent le système représentatif, résulte une aristocratie plébéienne, bourgeoise ou de classe moyenne, à tendances diverses, dont les inconvénients gouvernementaux déjà existants sous la charte de 1814, ainsi qu'on l'a remarqué, se sont considérablement accrus après 1830, avec l'abaissement de l'âge et du cens électoral, avec l'abolition du double vote et celle de l'hérédité de la pairie, c'est-à-dire, avec les nouvelles conquêtes démocratiques de l'époque.

Cette aristocratie, en effet, au lieu d'être restée sous l'influence plus ou moins conservatrice de la grande propriété, ou de députés qui la plupart continuaient à représenter cette dernière, est descendue chez des majorités électorales, de moins en moins aisées et éclairées, lesquelles s'emparant des administrations locales, et imposant par le nombre, vont, à l'aide d'un journalisme devenu de plus en plus passionné et turbulent, exercer une réaction dangereuse sur la marche du gouvernement.

Des tiraillements, des luttes continuelles devant donc avoir lieu entre les principes monarchique, aristocratique et démocratique, qu'on a voulu vainement fondre ensemble dans notre régime constitutionnel, les représentations électives des diverses classes d'intérêts devant se faire une guerre continuelle, la garde nationale, par exemple (puissante, sinon par ses droits politiques, mais par le nombre), voulant autre chose ou plus de liberté que les conseillers municipaux, lesquels, à leur tour, en demandent plus que les assemblées départementales, et surtout que les chambres législatives, placées en haut de cette hiérarchie gouvernementale, les prétentions désordonnées du journalisme, ses menaces, ses imprudences venant s'ajouter à cette cohue ou à ce pêle-mêle de tendances disparates, on est donc presque obligé de se demander, dans cette occasion, si ce respect des personnes et des propriétés, encore maintenu heureusement chez les diverses classes de la société, n'est pas autant l'effet des habitudes et de l'éducation particulière de chacun, que le résultat d'une surveillance administrative ou gouvernementale proprement dite, et si, dans tous les cas, beaucoup de nos gouvernants d'abord opposants, usurpateurs ou révolutionnaires pour parvenir, puis conservateurs pour se maintenir, si surtout ces journalistes, qui malheureusement sont appelés souvent à nous régir de fait, ne compromettent pas autant l'ordre public par le spectacle démoralisant de leurs passions ou ambitions diverses, qu'ils ne le servent par l'usage précaire et momentané d'une influence et d'une autorité sans cessé disputée que chacun voudra posséder à son tour.

Que sera-ce maintenant si on observe que tous ces pouvoirs publics, que tous ces chefs législatifs, administratifs, et autres sortis de l'élection au milieu des intrigues et agitations qui en sont la conséquence, ne sont pas dans le vrai ou dans le juste, rigoureusement parlant, , qu'ils ne représentent point la nation, comme on l'a dit tant de fois, mais seulement des coteries ou des majorités électorales de divers degrés, qu'ils ne peuvent pas être équitables et impartiaux pour tout le monde, puisqu'ils ont été nommés en opposition des minorités, et à l'exclusion de la partie non électorale de la nation;

qu'ils ne peuvent pas être expérimentés, consciencieux et assidus dans l'accomplissement de leurs devoirs, puisque, improvisés dans leur mission passagère, exposés aux caprices de l'opinion, ils seront sans cesse obligés de recueillir ou conserver les suffrages par lesquels ils existent, de déjouer les cabales des rivaux, de gagner des électeurs, de se ménager l'appui du journalisme tous soins qui mènent à la démoralisation la plus complète, tous inconvénients ou toutes dépendances qui, quoi qu'on en dise, devraient pour jamais empêcher de puiser les pouvoirs publics dans les élections?

Que sera-ce encore, si on ajoute ici que, non content de créer ainsi des représentations mensongères en division et en hostilité les unes avec les autres, d'instituer des autorités hors d'état d'accomplir leurs devoirs, et de les placer surtout sous l'influence inconsidérée, violente et subversive au dernier degré d'un journalisme se disant, comme toujours, l'opinion publique, on a exigé en outre, comme pour être mieux assuré de gouverner mal, ou de ne pas gouverner du tout, qu'aucune loi ou décision ne pût être rendue sans l'assentiment unanime d'un roi et de deux chambres à tendances diverses, et sans des débats publics qui discréditeront ou déconsidéreront à l'avance toutes les déterminations à prendre, en enlevant d'ailleurs les questions sociales et autres, aux spécialités qui devraient seules en être chargées, pour les livrer à des délibérations tumultueuses, incohérentes, ou à d'éternels et inutiles discoureurs, bien plus occupés alors de leurs réélections futures, de leur popularité, de leur parti ou de leurs intérêts personnels, que du triomphe de la vérité, que de la bonté et de la justice de la loi en discussion.

Dans un pareil système gouvernemental, où l'on semble mettre en présence diverses classes d'intérêts opposés, comme s'il y avait possibilité de les faire transiger ensemble, comme si des masses qui discutent entr'elles, à cause de la confiance inspirée par le nombre, de l'encouragement ou de l'excitation réciproque des esprits, ne devenaient pas beaucoup plus inconciliables encore que les particuliers, ou beaucoup moins disposées à se soumettre aux résolutions qui vont être prises; sous un tel régime, dit-on, si, d'un côté, les magistrats, les fonctionnaires non politiques, les propriétaires, les industriels ou les travailleurs paisibles, placés, par position, par goût et par intérêt, en dehors des élections, des libertés de presse et autres, s'apercevaient enfin qu'ils n'ont qu'à vouloir ou qu'à s'entendre un peu pour sortir de cet état d'intrigues et d'agitations continuelles, contraires à leurs vœux, et incompatibles avec tout bon gouvernement, avec toute tranquillité et toute prospérité publique; si, d'un autre côté, tout ce qui gagne, ou plutôt qui croit gagner, au maintien du système représentatif, tout ce qui, à défaut des anciens partisans désabusés de ce dernier, tiendra par tempérament, par intérêt, par habitude ou autres motifs, aux discussions constitutionnelles, tout ce qui espérera gloire et fortune de ses écrits et de ses discours, de ses influences parlementaires, électorales et autres; si enfin, tout ce qui, dans ce moment, pour des raisons quelconques, croit devoir défendre et protéger le régime en question, en le transformant par des cris répétés en vœu national, en besoin général, ou en nécessité du temps, réfléchissait qu'on peut très-bien s'assurer les avantages de ce dernier, tout en en évitant les inconvénients; si cette majorité ou minorité de la nation s'apercevait qu'elle peut très-facilement être maintenue dans sa position et ses espérances du moment, sans être obligée désormais d'expier sa supériorité légale par le sacrifice de son repos ou de son bonheur, et que puisque des magistratures, des emplois et des délibérations publiques, seront toujours indispensables sous un gouvernement quelconque, rien n'empêchera donc, si on vient à réformer ou améliorer ce dernier, de maintenir aux titulaires ou candidats actuels les places, les avantages, faveurs ou influences sociales, dont ils se trouvent en possession, et qu'on n'aura aucun motif raisonnable de transporter à d'autres ; si on veut, une fois pour toutes, terminer ces actions et réactions successives, ou ces luttes réitérées de classes, s'enlevant tour à tour le pouvoir public au nom d'une capacité ou aptitude qui, bien entendu, n'est le partage exclusif d'aucune d'elles ; dans cette hypothèse, tout le monde se trouvant ainsi amené par des remarques très-simples et très-naturelles, à désirer la fin des embarras, entraves et agitations constitutionnelles (le plus grand nombre ou la partie propriétaire, industrielle et travaillante de la nation, parce qu'elle en est la victime évidente, la minorité ou l'aristocratie régnante, parce qu'en définitif, sous un régime plus paisible, elle pourra conserver ses avantages gouvernementaux, sans en avoir les inconvénients), on doit donc se demander ici quelle pourra alors être l'issue ou la solution de ce vœu à la fois partagé, et par les gouvernants, et par les gouvernés.

D'abord, comme les constitutions, ainsi que les serments, il est vrai, peuvent bien lier, soit entr'elles, soit avec le gouvernement, les différentes classes de la société, mais non obliger contre la volonté commune la masse entière des gouvernants et des gouvernés ; comme, en d'autres termes, un contrat que ces derniers souscriront ensemble et sans tribunal supérieur, pour le faire exécuter, n'en est réellement pas un, puisqu'alors ce serait s'engager avec soi-même, il en résulte donc que nos chambres, d'accord avec la royauté et l'opinion publique, seraient parfaitement libres, ainsi que cela a eu lieu en Danemarck, en 1660, de rentrer d'elles-mêmes sous un régime monarchique, plus ou moins analogue à celui des Etats voisins, en déposant alors un pouvoir législatif que tout le monde, à très-peu près, jugerait inutile ou nuisible à la chose publique.

Mais comme une telle détermination serait peut-être un passage ou une transition trop brusque dans les habitudes établies; comme cette foule de personnes qui lisent les journaux, qui, d'une manière ou de l'autre, prennent part aux élections et discussions politiques, tout en reconnaissant leurs abus, ne voudraient peut-être pas renoncer subitement à leurs distractions ou occupations habituelles; comme d'ailleurs le consentement plus ou moins unanime et rationnel que nous avons rêvé en faveur de ce retour à la monarchie pure n'existerait certainement pas; que parmi les partisans intéressés de l'ordre actuel de choses, que dans le journalisme surtout, ou dans la partie la plus démocratique et la plus violente du système, chacun n'aurait pas également foi aux promesses qui lui seraient faites, c'est-à-dire, à la continuation de ses avantages présents ou à la réalisation de ses espérances futures; comme enfin, dans ce cas, une partie de l'aristocratie régnante pourrait ne pas se trouver suffisamment rassurée dans la possession au moins viagère de ses influences, préférences ou faveurs gouvernementales, même sous une dynastie de son choix, et malgré les sentiments, les antécédents ou sympathies actuelles de cette dernière; par suite de ces considérations et autres, des réformes graduelles et ménagées devant peut-être être adoptées dans cette occasion, on songerait donc (toujours pour sortir de troubles et d'embarras de plus en plus intolérables pour tout le monde) à maintenir, il est vrai, des chambres, des conseils électifs de départements, d'arrondissements et de communes, mais qui, au lieu d'exercer des influences absolues ou des pouvoirs contradictoires, discordants et plus ou moins anarchiques, se borneraient à fournir à une autorité centrale et protectrice des intérêts de tous, des avis non obligatoires, textuellement parlant, ces renseignements locaux, ces informations multipliées, ou cette connaissance exacte des faits, que, plus que personne, nous appellerons sans cesse sur toutes les décisions à rendre par tous les gouvernements possibles.

Des chambres et des assemblées électives, quoique seulement consultatives, va-t-on peut-être objecter maintenant, n'en continueront pas moins à entraîner ou à dominer la royauté ou le pouvoir central, puisque les députés, réunis à leurs auxiliaires, les journaux, parviendront toujours, à force de le répéter, de se faire considérer plus ou moins comme l'expression fidèle de l'opinion générale, comme la représentation de tout ce qu'il y a de plus puissant, de plus influent, ou de tout ce qu'on doit le plus ménager dans le royaume.

A cette objection, nous répondrons de nouveau qu'en effet il est parfaitement puéril ou absurde de convenir à l'avance, et d'écrire, dans une constitution ou ailleurs, qu'un roi, que des pairs et des députés vont se partager l'autorité de telle et telle manière; que l'un, par exemple, sera chargé de l'exécution des lois, de nommer aux emplois, de déclarer la paix et la guerre, tandis que les autres auront la faculté de refuser les impôts, c'est-à-dire, de renverser tout le régime établi, si on ne suit pas leur volonté (violence, droit de vie et de mort, qu'on ne devait donc pas prévoir et autoriser, surtout chez des pouvoirs dont on avait rêvé et recommandé l'accord unanime), tandis que ces mêmes enfin auront la prérogative, non moins extraordinaire, de punir à volonté les ministres, signataires obligés des ordres de leur colégislateur (lequel, par un mystère plus ou moins incompréhensible de métaphysique constitutionnelle, n'en restera pas moins roi pour cela); il y a, dit-on, une complète niaiserie à régler ainsi des attributions entre trois puissances législatives en présence, qui, n'ayant rien au-dessus d'elles, obéiront donc, les plus faibles à la plus forte et à la plus influente, et cela nonobstant des droits ou priviléges, dont on ne fera en réalité que l'usage voulu par cette dernière, ou nonobstant une prétendue indépendance d'action ou cette liberté de vote qui n'existera que sur le papier. Mais quels que soient les obstacles que peut encore rencontrer dans les assemblées consultatives dont il s'agit, la représentation permanente et universelle de la nation, ou le pouvoir royal exercé comme il doit l'être, c'est-à-dire, dans l'intérêt de tous les temps et de toutes les classes de la société indistinctement, des avantages incontestables n'en résulteraient pas moins de cette modification dans notre régime gouvernemental.

Les discussions verbales et écrites sur la politique, continueraient, il est vrai, comme par le passé, avec les élections et les délibérations des chambres et des conseils provinciaux; mais, ce qui serait une très-grande amélioration, les disputes sociales perdraient probablement de leur aigreur actuelle, en quittant plus ou moins le domaine des personnalités, pour entrer dans celui des choses; les assemblées électives ou représentatives, ne pouvant plus qu'agir moralement et par persuasion, sur le pouvoir central non lié par le chiffre absolu de leur scrutin, n'en seraient que plus attentives, plus consciencieuses et plus zélées dans la recherche des faits exacts. Quiconque se sentirait de la vocation ou de la capacité pour les affaires publiques, aurait, comme auparavant, une libre carrière ouverte devant lui, avec cette différence heureuse, qu'au lieu de harceler parfois, ou de tracasser le pouvoir dans des oppositions systématiques et passionnées, dénuées de toute raison et de toute dignité, destinées à pervertir tous les sentiments, ou à fausser toutes les notions du vrai ou du faux, du juste ou de l'injuste, il serait, au contraire, obligé de se distinguer par des études approfondies, par des recherches dans toutes les branches de l'administration publique, en consacrant alors aux conquêtes paisibles de la raison, de l'expérience et de la science, un temps précieux dans ce moment si déplorablement consommé ou gaspillé en stériles luttes de parti.

Sans doute, le pouvoir royal, après avoir exposé aux chambres ses plans de conduite générale et ses projets de lois, après avoir fait soumettre, par des préfets et par des maires à son choix, aux conseils départementaux et municipaux, les mesures ou travaux réclamés dans chaque localité, devra prendre en très-grande considération les avis émis dans toutes ces assemblées; mais alors au moins, on sera débarrassé de ces liens, de ces entraves ou de ces empêchements mutuels, avec lesquels des rédacteurs de constitutions, métaphysiciens, philanthropes, philosophes, théoriciens étrangers aux affaires, semblent n'avoir voulu créer qu'un gouvernement qui n'en fût pas un, ou que des pouvoirs hors d'état d'agir, et surtout de marcher un peu d'accord.

Ce consentement unanime d'un roi et de deux chambres, demandé pour la conduite d'un vaste royaume, et que toutes les législations usuelles n'ont pas prévu, même dans les décisions du dernier tribunal de province, ou dans le moindre des arbitrages, disparaissant, dans cette occasion, avec d'autres impossibilités ou difficultés gouvernementales, ces trois branches législatives ne seraient donc plus obligées de s'intriguer, de négocier, de se précautionner, recourir aux interventions ou négociations personnelles, et souvent de se tromper mutuellement, pour arriver à quelques déterminations indispensables et au succès des votes les plus impatiemment attendus; le sort des mesures les plus importantes ne serait pas remis au hasard des scrutins, ou confié à des majorités incertaines, flottantes, chez lesquelles d'ailleurs l'opposition systématique cherchera sans cesse à semer la division et le scandale, uniquement pour porter le trouble et la perturbation dans un ordre de chose qui lui déplaît.

Les coteries parlementaires n'espérant plus triompher et imposer un ministère de leur choix, par tel chiffre, par tel nombre de boules blanches ou noires, elles nous épargneraient donc le spectacle de leurs brigues et surtout de leurs coalitions monstrueuses. Sans doute, pour influencer moralement la royauté, et attirer à soi le pouvoir régnant, il se formerait toujours des partis plus ou moins nombreux dans les chambres; mais, au moins, le roi, le législateur suprême, ne serait pas tenu, dans ce cas, d'obéir aveuglément au plus grand nombre, ou à ce texte absurde de constitution, qui, d'un jour à l'autre, pour quelques absences, pour quelques voix ajoutées à la minorité par pur accident, va presque nécessiter un changement de gouvernement, et par conséquent une espèce de bouleversement ou de révolution dans l'Etat; en un mot, le sort de mesures quelquefois très-importantes, ne dépendrait plus de ces négligences, de ces querelles, et plus particulièrement de ces jalousies et passions législatives, qui souvent ont semblé désirer en même temps, et le renversement et la conservation des majorités gouvernementales (les animosités personnelles, dans ce cas, pouvant à peine être contenues par le besoin d'une administration ou d'un ordre quelconque).

En résumé, la rivalité de pouvoir n'existant plus entre

les chambres et la royauté, cette dernière n'étant plus arrêtée par quelques boules noires de plus ou de moins, jetées au scrutin de ces assemblées, et cela quelquefois par des causes tout à fait personnelles, exceptionnelles ou étrangères à l'objet en délibération ou aux questions votées, on ne verrait donc plus probablement ces intrigues ministérielles, ces cabales de prétendants au pouvoir, ces accusations, ces calomnies dirigées contre la couronne, tout ce triste spectacle enfin de partis ou de factions en présence, à qui tous les moyens seront bons pour arriver à la domination, ou renverser leurs adversaires.

Dans tous les cas, soit que les chambres deviennent ou ne deviennent pas consultatives, la loi électorale de 1831, par une disposition additionnelle, devra cesser évidemment d'immobiliser, comme elle le fait, le corps électoral du royaume, en inféodant des localités à certains représentants qui, par l'effet de circonstances particulières de famille, et indépendantes des titres politiques, ne peuvent pas ne pas réunir la majorité des suffrages.

Les chartes de 1814 et de 1830, comme on a vu, ayant laissé aux législatures subséquentes, la première, le soin de faire concourir, comme elles entendraient, à la nomination des députés, les électeurs payant trois cents francs et plus d'impôt, la deuxième, celui de fixer elles-mêmes les conditions électorales et celles de l'éligibilité en abolissant le double vote, on voit donc qu'en respectant même ces textes constitutionnels, on peut, dès ce moment, remédier à cette grave et dangereuse erreur dans laquelle on est tombé, lorsqu'en renvoyant les députés devant leurs électeurs on a cru faire un appel à la nation, suivant le style du jour, ou soumettre à un tribunal souverain et infaillible les dissensions, cabales ou scandales législatifs.

Ainsi qu'on l'a déjà dit, la majorité électorale ou les moins imposés des commettants, étant en général moins éclairés, moins âgés, moins expérimentés, et, par suite, moins conservateurs que leurs mandataires, il ne fallait donc pas, en bonne logique, faire contrôler les derniers par les premiers, mais bien procéder dans un ordre inverse, en chargeant, jusqu'à un certain point, les chambres de censurer, parfois, des élections par trop anarchiques ou révolutionnaires. Dans tous les cas, il était bien évident que ce prétendu contrôle des députés par les électeurs n'en serait pas un.

L'expérience et la raison, malheureusement trop d'accord dans cette occasion, nous montrent en effet les dangers démocratiques encore plus grands chez les électeurs que chez les députés. Ces derniers, au lieu d'être blâmés ou réprimés dans leur inconduite ou dans leurs intrigues scandaleuses, ne devant, au contraire, que trouver des encouragements auprès de leurs juges en dernier ressort, il faut donc, plus tôt que plus tard, sortir d'un cercle aussi vicieux, en décidant, par exemple, que la royauté, cette source unique de tout ordre social, lors de la dissolution des chambres, en cas de collision dans la législature, ou d'autres circonstances plus ou moins graves, pourrait consulter, non pas tout le collége électoral en masse (lequel, en cette occasion, juge et partie, comme on a dit, réélirait immanquablement des députés pires que les précédents), mais bien les différentes classes d'électeurs; ainsi, en supposant les conditions électorales et d'éligibilité maintenues dans leurs limites actuelles, ne serait-il pas juste et raisonnable que la couronne, dans sa sollicitude générale pour tous les intérêts, en cas de dissidences ou de scissions législatives, interrogeât à part, tantôt les représentants des contribuables de deux cents à quatre cents francs, par exemple, tantôt ceux de quatre cents à mille francs, tantôt enfin, les imposés de mille francs et au-dessus.

Si on répétait de nouveau ici que les électeurs à deux cents francs cesseraient d'être représentés, lorsqu'après une dissolution, les nouveaux députés se trouveraient, au moins pendant une session, nommés en totalité ou en très-grande partie par les imposés de quatre cents à mille francs, ou même par ceux de mille francs et au-dessus, on répondrait que, dans les cas ordinaires, les petits contribuables, l'emportant par le nombre ou restant toujours maîtres des nominations, ne peuvent donc plus se plaindre, lorsque, par extraordinaire, et pendant une année seulement, on entendra à leur tour la moyenne ou la grande propriété; en un mot, s'il y a privilége ou monopole d'autorité représentative, dans ce cas, il existera encore en faveur des moins imposés, et non de leurs remplaçants momentanés et accidentels.

Arrivant maintenant aux restrictions à apporter dans la licence de la presse, nous dirons, comme précédemment, qu'en maintenant même l'abolition de la censure, suivant le texte de la charte de 1830, on peut, dès ce moment, modérer de diverses manières la licence par trop démocratique ou anarchique des journaux.

Sans revenir sur la juridiction à assigner aux délits de la presse, sur les taxes, cautionnements, sur les mesures, règlements préventifs et répressifs que l'administration, dans un but d'intérêt général bien reconnu, peut imposer à l'exercice de toutes les facultés humaines, et, par conséquent, aux actions matérielles comme à celles intellectuelles, il est évident qu'en subventionnant des feuilles publiques, rédigées sous l'influence avouée des différents ministères et même des chambres, et dans lesquelles on reproduirait, avec réfutation, rectification et commentaires convenables, les articles de la presse opposante, il est évident, dit-on, que de pareils écrits quotidiens, livrés à très-bas prix, finiraient par suffire, en grande partie, à ce besoin de nouvelles politiques qu'éprouve la société actuelle, en diminuant, par suite, et surtout en neutralisant l'influence de la presse anarchique.

Par là, avec une dépense insignifiante prise sur le budget de l'Etat, on préviendrait, sans secousse et sans violence, une grande partie de cette démoralisation, de ces erreurs, de ces maux et dangers démocratiques que produit le journalisme parmi nous, tout en donnant d'ailleurs à la classe lettrée, dans la rédaction d'écrits conservateurs, les moyens et l'occasion de s'occuper encore plus activement qu'auparavant de matières politiques, et surtout plus fructueusement.

Les partis, dira-t-on, se cotiseront de leur côté pour répandre leurs doctrines à bas prix ; mais, dès le moment que la réfutation de ces dernières, par les nombreux rédacteurs des journaux gouvernementaux, accompagnera les lectures subversives, le danger de ces dernières cessera, et les sophismes ou déclamations anarchiques, ramenées à leur juste valeur, ne serviront souvent qu'à montrer que tout ce qui possède dans la société et qui veut conserver sa position, fruit légitime de son travail et de son industrie, a besoin sans cesse de veiller au maintien des principes conservateurs, en se liguant fortement contre les attaques incessantes de l'esprit de désorganisation et de désordre.

Pour terminer cette série d'améliorations que les gouvernants et gouvernés, également fatigués des agitations constitutionnelles, voudront peut-être, de commun accord, adopter plus ou moins prochainement, nous reviendrons un instant sur le jury appliqué aux causes criminelles d'abord, puis aux délits de la presse et à ceux politiques (les crimes d'Etat, comme on sait, restant dans les attributions de la chambre des pairs).

Dans cette circonstance, nos magistrats étant, d'un

côté, assistés ou suppléés dans leurs fonctions les plus pénibles, étant, jusqu'à un certain point, déchargés de cette responsabilité grave qu'entraîne toute condamnation capitale ou infamante ; d'un autre côté, des bourgeois appelés à l'honneur de siéger solennellement comme juges, ou de veiller par eux-mêmes au respect des personnes et des propriétés, se trouvant, en général, plus ou moins flattés ou honorés d'une mission temporaire qu'ils croiront d'autant mieux remplir souvent, qu'ils seront moins expérimentés en fait de législation criminelle, on concevra, dans un pareil état de choses, que l'institution du jury, importée d'Angleterre (d'un pays où le respect pour les droits acquis dirige tous les gouvernants vers un seul but), a pu, entre autres utopies de 89, se soutenir jusqu'à nos jours, et traverser même le règne absolu de Napoléon, sans donner lieu à des plaintes ou inconvénients un peu considérables.

En effet, tout le monde trouvant presque son compte à cette intervention des notabilités locales dans les procès criminels, les juges ne pouvant que gagner en importance et en considération dans cette adjonction d'auxiliaires dont ils régleront les droits et devoirs légaux, le barreau pouvant débiter ses discours et ses plaidoyers à un public plus nombreux et plus choisi, les jurés eux-mêmes, en échange de leur temps perdu, de leurs occupations abandonnées, venant recueillir, de la bouche du ministère public ou des défenseurs des accusés, les plus beaux compliments du monde sur les services éminents qu'ils vont rendre à la société, soit en condamnant, soit en acquittant, et surtout sur la sagesse et la justice qui vont inévitablement présider à leurs décisions ; on voit donc que l'institution dont il s'agit n'a pu guère soulever des oppositions contre elle, et que, lorsque l'esprit démocratique a réclamé cette indulgente juridiction pour les délits de la presse et ceux politiques, il a pu, sans être beaucoup contredit, en faire une nouvelle représentation nationale, suivant l'ordinaire, et à l'instar de la majorité des électeurs, de celle des gardes nationales et autres.

Ces juges du fait en théorie, et qui, en pratique, par conséquent, le deviendront plus ou moins du droit (vu l'impossibilité de séparer ces deux choses), en les supposant même assez éclairés ou attentifs pour bien suivre les procédures criminelles, vont, il est vrai, fausser plus ou moins le principe de l'égalité civile, en se montrant, d'un côté, trop sévères pour les vols domestiques, pour les attentats dirigés contre la propriété, ou qui intéressent plus particulièrement leur position ou sûreté individuelle; d'un autre côté, trop indulgents pour les crimes commis sur les personnes, et aussi trop favorables aux accusés de leur rang ou condition; mais comme les punitions infligées aux malfaiteurs subalternes peuvent être plus ou moins aggravées sans beaucoup tirer à conséquence, et surtout sans émouvoir les partis politiques occupés d'autre chose que d'humanité spéculative, on ne réclamera donc pas contre cette inégale répartition de la justice criminelle.

En 1830, les ambitions non satisfaites demandant à cor et à cri la licence de la presse, ou plutôt désirant, en dernier résultat, se jeter impunément sur des positions occupées, elles durent donc, dans ce but secret de convoitise ou d'usurpation, sinon repousser toute juridiction (ce qui ne pouvait pas tout à fait s'avouer), mais au moins chercher des juges les plus indulgents possibles sur la sympathie, les préjugés et les faiblesses desquels on pût compter à chaque occasion.

De là, ces belles déclamations en faveur du jury, auquel seul on pouvait raisonnablement soumettre les délits de la presse et ceux politiques, et qui, s'il était composé convenablement, c'est-à-dire dans l'esprit ou dans l'intérêt des accusés eux-mêmes, devait juger bien plus impartialement ces derniers, que des tribunaux préposés au maintien de l'ordre et de la morale publique, et qui, comme tels, pouvaient avoir des préventions fâcheuses contre les révolutionnaires, les démagogues et autres coupables dont on désirait l'impunité dans cette occasion.

En examinant attentivement les choses, nous voyons d'abord que, dans ce cas comme dans beaucoup d'autres, les chartes de 1814 et 1830 ont cherché à éluder, suivant l'usage, les prétendues libertés ou garanties qui sont censées demandées par les peuples. En effet, en renvoyant la composition personnelle du jury à des lois subséquentes, on retirait d'une main ce qu'on avait accordé de l'autre, et l'on se réservait le moyen de rendre, à la rigueur, la nouvelle juridiction encore plus sévère et plus dévouée au gouvernement que tous les tribunaux existants.

Maintenant, admettant le jury tel qu'il existe dans ce moment, en vertu d'une loi postérieure à la charte de 1830, on est obligé de convenir que cette magistrature temporaire et improvisée pour chaque jugement, est loin d'offrir ces gages, ces lumières, ces connaissances ou cette sagesse qui, en général, distinguent nos juges inamovibles, plus ou moins identifiés, par suite, avec le maintien de l'ordre, vieillis dans la méditation et la pratique des lois, et bien autrement initiés que les jurés, par suite, dans la science du criminaliste ou dans ces mille considérations qui doivent présider à l'appréciation et à la répression des actes coupables, à la graduation des peines, à leur efficacité ou à une distribution aussi équitable et aussi salutaire que possible de la justice criminelle.

Au reste, pour prouver que notre organisation judiciaire, après le code civil, est peut-être ce qui existe de moins imparfait ou de plus conservateur parmi nous, il suffirait de se rappeler qu'en 1830, en l'absence de toutes les autorités civiles, militaires et administratives, les tribunaux, d'ailleurs secondés par les mœurs, par l'éducation et l'esprit plus ou moins éclairé de la nation, ont pu heureusement continuer à faire respecter les personnes, les propriétés, pendant des mois entiers d'interrègne gouvernemental.

Jusque dans le dernier hameau ou dans les dernières chaumières on s'entretient, en effet, des juges de la ville prochaine, destinés à réprimer les vols et les violences, sans se douter souvent ce que sont réellement les préfets ou autres autorités provinciales, en un mot, la distribution hiérarchique de nos tribunaux, depuis la justice de paix jusqu'à la cour de cassation, la publicité de leurs débats contradictoires en présence du ministère public, l'inamovibilité des juges, et, par suite, leur indépendance, leur impartialité, leur longue expérience, toutes les considérations et garanties enfin, se réunissent pour faire de ces magistrats, de préférence à tous autres, les gardiens fidèles de nos personnes, de notre honneur, sauf à les réunir en nombre suffisant suivant les besoins, ou sauf à prendre des précautions, non pas contre ce prétendu endurcissement ou facilité à condamner, qu'on leur a reproché, mais bien plutôt contre la faiblesse ou répugnance contraire.

Quand la démocratie, au reste, a réclamé, pour les délits de presse et ceux politiques, un jury qu'elle espérait peut-être bien composer plus tard, en majorité de ses adhérents ou complices, c'était tout bonnement chercher à arriver à l'impunité sous l'absurde prétexte qu'un gouvernement attaqué ne doit pas se défendre, de peur d'être juge et partie. Avec un pareil système, est-ce que tous les malfaiteurs possibles ne pourraient pas aussi récuser et juges et jurés eux-mêmes, puisque ces derniers, défendant à leur tour leurs biens et leurs vies, seraient donc personnellement intéressés dans le jugement à prononcer? Est-ce que, par hasard, il faudrait donner aux voleurs leurs pairs pour les juger plus libéralement et plus constitutionnellement? Et puis, on le répète, que signifient ces vains mots de juges ou de jurés, puisqu'en définitif chacun ne veut que l'impunité et la liberté pour soi, la répression et l'esclavage pour ses adversaires ou concurrents, et que les jurés de 1793, par exemple, étaient cent fois plus soumis au gouvernement ou à la tyrannie de l'époque, que ne le seraient jamais tous les tribunaux existants.

En résumant ce qui précède, on voit que nos chambres, passant volontairement au rôle d'assemblées consultatives, sans renoncer d'ailleurs à leurs avantages et espérances individuelles, c'est-à-dire à une certaine candidature ou droit de préférence pour les emplois et faveurs sociales, qu'il n'y aurait pas de motifs, au bout du compte, de transporter à d'autres; en outre, la couronne, en cas de dissidence et circonstances graves, pouvant interroger partiellement le collége électoral chargé de la réélection des députés; enfin, les abus des discours de tribune, et ceux, beaucoup plus grands encore, de la liberté de la presse, des droits de pétition, de réunions politiques et autres, cessant alors d'être sous la protection de ces notabilités parlementaires et électorales, ou de ces ambitions auxquelles ils fournissent des armes pour intriguer, pour tromper, menacer et renverser les ministères; dans cette supposition, dit-on, les tribunaux rentrant dans leurs droits et leurs devoirs de défendre la société en général, et, par suite, de sévir contre toutes les attaques matérielles et intellectuelles dirigées contre les individus, contre les classes ou contre le gouvernement lui-même, on voit qu'il y aurait espoir enfin de remédier à l'action dissolvante des doctrines anarchiques, soit par une presse gouvernementale subventionnée et confiée aux rédacteurs les plus éclairés de l'époque, et soit, en dernier résultat, par une répression efficace qui, tout en respectant les bienfaits de la pensée, ne permettrait cependant pas à cette dernière de séduire, inquiéter, violenter ou calomnier, au point de rendre toute association impossible.

Il est entendu, au reste, que pour compléter les mesures ci-dessus, ou que, pour revenir à cet ordre public, à cette tranquillité si désirée, on rétablirait l'hérédité de la pairie, compagne inséparable de celle du trône, tout en supprimant, une fois pour toutes, les gardes nationales de provinces, masses auxquelles il ne fallait pas livrer des armes, si on ne leur donnait pas en même temps la discipline ou l'obéissance passive, force militaire qu'on ne peut même pas, en France comme en Angleterre, concentrer chez la grande propriété depuis la révolution récente de 1830.

Si maintenant on objectait que la royauté, ce pouvoir, sommet de la pyramide sociale, qui, après Dieu, est la première source de laquelle doivent découler l'ordre et la justice humaine, va s'attribuer cette partie de l'influence législative abandonnée par des chambres uniquement employées désormais aux enquêtes et à la recherche des faits exacts ou à l'étude des véritables besoins publics, nous répondrons, au sujet de ce prétendu déplacement d'autorité, que, d'abord sous un roi éclairé, ou assez heureux pour bien comprendre son devoir et son intérêt, les opinions parlementaires les plus sages continueront, comme par le passé, à influencer la marche du gouvernement, seulement avec beaucoup de personnalités irritantes de moins, et beaucoup de travaux sérieux et approfondis de plus. La classe électorale ou l'aristocratie gouvernante, qui est loin, chez nous, de s'entendre pour le maintien de l'ordre, aussi-bien qu'en Angleterre, nonobstant la constitution existante, ne se montrant pas satisfaite de ce droit de possession, de préférence ou de candidature aux places et faveurs gouvernementales qu'on a soin de lui maintenir précédemment, cette classe craignant de perdre sa supériorité légale en passant du rôle de législative à celle de conseillère de la couronne, se défiant même d'un roi de son choix qui, par ses antécédents, ses sentiments personnels et autres motifs, serait peut-être trop enclin à oublier sa qualité de représentant perpétuel et universel de la nation, pour étendre outre mesure les priviléges et avantages promis ci-dessus; dans ce cas, dit-on, il pourrait être répondu que la même insurrection ou coercition employée contre Charles X (et qu'on semble en général se réserver soigneusement dans les constitutions, surtout dans les articles relatifs au refus d'impôt, aux gardes nationales, au jury, à la licence de la presse et autres), restera toujours à la disposition du parti le plus fort, si, contre la marche naturelle des choses, ce dernier ne venait pas à être favorisé autant et même plus qu'il ne mériterait de l'être.

De deux choses l'une, ou l'aristocratie plébéienne dont il s'agit justifie réellement, par une très-grande influence et capacité, ses prétentions ou exigences, dans ce cas, pouvant triompher facilement, dans une lutte prochaine, en représentant de nouveau ce qu'elle appellera l'opinion publique, pouvant menacer du refus d'impôt et exciter des soulèvements, elle aura donc à peu près les mêmes sûretés et moyens qu'auparavant pour garder sa suprématie ou supériorité légale, et pour continuer à obtenir du roi et du pouvoir exécutif les avantages personnels qu'elle en attend ; ou bien cette aristocratie de bourgeois et de journalistes, peu confiante dans la justice de ses prétentions, dans sa majorité ou dans son influence nationale, craindra, par suite, d'être dominée par la royauté, lorsqu'elle ne pourra plus que donner des avis à cette dernière, sans l'arrêter par le nombre matériel des votes ; dans ce cas nos députés, restant législateurs proprement dits, n'en seraient guère plus avancés, puisque, dans leur état d'infériorité vis-à-vis de l'opinion, ils pourraient très-bien se priver, en qualité de rivaux en pouvoir et avec ces discussions irritantes qui en seront la suite, de ces avantages personnels, de ces honneurs ou égards qui auraient été, sans difficulté, accordés aux conseillers respectueux du souverain, et puisque d'ailleurs ces mêmes législateurs verraient alors leur position plus menacée ou plus exposée aux coups d'état d'une royauté hostile, qu'elle ne l'aurait été en se bornant à un rôle plus modeste, il est vrai, mais non moins honorable et surtout beaucoup plus utile.

En définitif, puissante ou faible, l'aristocratie actuelle a peut-être intérêt de se calmer, de se discipliner ou de se réunir plus intimément avec la royauté héréditaire, en terminant alors des querelles, des susceptibilités personnelles, nuisibles à tous, en centralisant son action gouvernementale, ou en se donnant une direction unique, sous laquelle, avec plus de repos intérieur, plus de force extérieure, et plus de titres à la reconnaissance publique, elle recueillerait probablement de plus grands avantages personnels.

N'étant point gouvernementale et hiérarchisée, ne comprenant point toutes les positions les plus intéressées à l'ordre, à partir du trône ou de la première de toutes ; n'ayant point des rangs parfaitement respectés, des traditions, des usages fortement enracinés, des croyances, des opinions très-arrêtées pour imposer des règles aux vanités, prétentions et passions de chacun, non-seulement cette aristocratie, aujourd'hui comme après 1790, ne semble pas devoir gouverner d'une manière durable, avec une constitution peu rationnelle, à l'instar de celle anglaise, mais même avec les chartes les plus parfaites du monde, à moins qu'une royauté prépondérante ne marche à sa tête, pour imprimer une direction unique, ou au moins pour apporter un certain esprit de suite dans la marche gouvernementale à tenir.

Dans les chartes de 1814 et 1830, nous avons signalé, il est vrai, beaucoup d'articles incohérents, illusoires, dérisoires, contradictoires, inexécutés ou inexécutables; mais, au milieu de certaines niaiseries, inanités ou promesses de liberté et d'égalité, qui n'en sont pas, se trouvent des concessions sérieuses, positives et incontinent réalisées, lesquelles ont profondément altéré et changé notre état de choses.

C'est ainsi qu'une certaine majorité électorale, mise en possession du pouvoir public, et croyant devoir s'appuyer sur la liberté de la presse, ou s'adjoindre d'abord des journalistes pour auxiliaires, puis des jurés et des gardes nationales plus ou moins opposées ou hostiles aux classes supérieures, devient une innovation extrêmement grave, puisqu'en définitif, c'est une guerre interminable des ambitions non satisfaites dans les rangs inférieurs de la société, déclarée à tout ce qui se trouve au-dessus d'elles, à toutes les réputations et positions acquises, puisque c'est un renversement continuel, tenté de bas en haut sur l'échelle sociale, ou une émeute permanente excitée et dirigée contre les supériorités et possessions légitimes, par des lettrés démagogues et ardents sophistiques, traînant à leur suite tout ce qui aura une fortune à faire ou des récriminations à exercer, séduisant les esprits faibles, brouillant toutes les notions du juste et de l'injuste, trafiquant des renommées, terrifiant enfin, par la diffamation, l'injure et la calomnie, quiconque voudra leur résister.

Sans doute, ce sera un grand malheur, quand la démagogie, dans son éloquence furibonde, viendra attrister et flétrir à la fois gouvernants et gouvernés, en reproduisant sans cesse le spectacle affligeant des misères et des plaies sociales qu'aucune puissance humaine ne pourra jamais empêcher entièrement; quand, par exemple, le peuple ou la nation sera comparée à un vil troupeau enfermé, attaché, engraissé, saigné et égorgé pour le plus grand profit et plaisir de ses chefs, ou quand on répétera aux malheureux qu'ils travaillent et meurent de faim pour faire nager le riche dans le luxe et l'abondance.

Ces déclamations et autres plus incendiaires encore, lancées sur l'ordre social par des ambitions irritées et trop peu réprimées, ne se borneront pas à dessécher, à désenchanter les cœurs, à aigrir, désagréger ou dissoudre la société; elles placeront en outre cette dernière sur le bord d'un abîme ou sur la bouche d'un volcan toujours prêt à éclater. En effet, quel avenir espérer avec un gouvernement sans unité, sans force, sans cohésion, dont toutes les ramifications plus ou moins imbues de l'esprit démocratique ou diversement séduites et tiraillées en sens contraire par les erreurs et préjugés de l'époque, ne pourront résister, ni aux agressions du dehors, ni aux attaques du dedans? Ce sera précisément dans les moments critiques où l'on aura le plus besoin de concorde, qu'on s'entre-déchirera. Il ne faut pas se faire illusion sur les passions humaines; de simples vanités blessées peuvent même incendier un royaume, si on leur en laisse les moyens, surtout chez une nation connue par sa vivacité, sa légèreté et son impétuosité. Or, on le demande, avec ces prédications anarchiques, vomies par la presse et quelquefois par la tribune dite nationale, sur quels appuis un peu solides, ou sur quelles convictions un peu certaines, doit-on compter, en cas de guerres, de révoltes, disettes, collisions ou calamités plus ou moins générales? Est-ce sur la garde nationale? Mais, en province, et notamment dans la deuxième ville du royaume, elle est venue en partie se joindre aux insurgés. Sur l'armée? mais elle sera à son tour travaillée ou endoctrinée par la démagogie, à qui il sera si facile de rappeler au soldat ses dangers, ses privations, la perte de sa liberté, et autres sacrifices inséparables de sa profession, dont il ne sera jamais entièrement dédommagé. Sur l'esprit public, l'éducation et les mœurs nationales? sans doute, la France ne se trouvant heureusement pas dans ce moment à l'état sauvage ou barbare, partout où éclateront des rixes sanglantes, de graves attentats contre les personnes et les propriétés, on verra donc les conservateurs influents de la localité, intervenir et séparer les combattants, s'il est possible, au nom de la raison et de la morale; mais ces espèces de constables officieux pourront-ils toujours remplir cette honorable mission de paix et d'ordre public, lorsqu'il faudra faire rentrer dans le devoir des villes ou des provinces soulevées, des troupes révoltées, des populations ouvrières coalisées ou insurgées contre le commerce et l'industrie, des partis politiques, des multitudes aigries, demandant certaines réformes ou l'exemption de certaines charges publiques; lorsqu'enfin il s'agira de calmer ou d'arrêter toutes ces masses et ces classes que la démagogie, grâce à la confusion des idées gouvernementales, à la perversion ou la dépravation des esprits, peut, d'un instant à l'autre, ameuter et tourner contre le reste de la société?

Au reste, s'il était heureusement vrai que la population de nos villes et de nos campagnes, par la seule persuasion, grâce à l'intervention paisible de la partie la plus aisée, la plus sage et la plus éclairée de la nation, pût être contenue dans le devoir et la raison, malgré nos dissensions gouvernementales et les efforts de nos agitateurs, malgré l'affaiblissement, la déconsidération et les divisions intestines du pouvoir central, on n'en vivrait pas moins au milieu des alarmes, au milieu de complots et attaques sans cesse renouvelées, qui, quoique réprimées ou étouffées à chaque fois, seraient toujours des malheurs publics.

Dans tous les cas, ce qui est infiniment plus déplorable encore, une grande nation, malgré ses immenses ressources et sa brillante population, malgré ses dépenses énormes et l'entretien d'une nombreuse armée, se trouverait plus ou moins neutralisée ou paralysée par la lutte de ses factions ou par l'anarchie morale de ses opinions, non-seulement pour maintenir sa légitime prépondérance vis-à-vis les Etats voisins, mais encore pour veiller et coopérer efficacement à son repos ou à sa prospérité intérieure, travailler à ses améliorations morales et matérielles, au développement de ses canaux, chemins de fer et autres communications, pour accroître avec la production de son sol celle de ses fabriques, de ses usines, de ses mines et autres foyers de travail, ou centres de consommation offerts à l'agriculture; pour créer enfin chez elle la véritable industrie, celle qui produit réellement, en réprimant alors ce pernicieux agiotage qui en est le mensonge ou plutôt le fléau, en mettant fin à ces scandales, à ces immoralités industrielles, plus dépendantes qu'on ne pense de nos libertés ou licences politiques, et notamment aux abus de cet esprit d'association, qui, d'abord perfidement vanté et exalté par un journalisme vénal, à propos de tels canaux, chemins de fer, usines, mines ou autres biens occultes, dont on peut exagérer indéfiniment la valeur aux yeux du vulgaire, n'aboutira ensuite qu'à un véritable guet-apens, qu'à la spoliation effrontée d'actionnaires crédules et ignorants, qu'on va faire délibérer sur leurs intérêts, à la manière de nos chambres, comme pour les voler beaucoup plus constitutionnellement à la majorité des suffrages.

Si, en France comme en Angleterre, il y avait un véritable esprit public, c'est-à-dire, si tout ce qui a une propriété ou une certaine position à défendre, était bien convaincu de la nécessité de se lier ou de se coaliser fortement, et cela indépendamment de toute constitution écrite, pour résister aux attaques incessantes de ce qui ne possède rien; si, dans ce but, ou pour préluder à cette hiérarchie gouvernementale, non interrompue depuis le dernier gouvernant jusqu'au roi, on commençait par respecter scrupuleusement les rangs et conditions, les droits de naissance et autres, les idées religieuses, les usages, traditions, tous les liens enfin qui maintiennent et disciplinent la société, peu importerait alors qu'il y eût deux ou plusieurs chambres associées à notre royauté, puisque la très-grande majorité des législateurs, des électeurs et des jurés, serait parfaitement d'accord sur tous les principes à suivre; l'ordre existerait donc, et le pouvoir public, malgré sa complication, marcherait, dans ce cas, non pas à cause d'une charte d'une pondération chimérique rêvée entre la monarchie, l'aristocratie et la démocratie (lequel équilibre, non possible pour les passions en présence, exclurait d'ailleurs ce mouvement nécessaire à tout gouvernement), mais, bien au contraire, parce qu'une volonté et une intention unique animeraient tous les dépositaires du pouvoir public, depuis le monarque jusqu'au dernier juré, et que tous sentiraient à la fois le besoin de maintenir ce qui est de protéger les possessions et les supériorités légitimement acquises, en commençant par la royauté, par la première des positions, celle dont le renversement entraînerait infailliblement la chute de toutes les autres.

Au lieu de cet état de choses, les erreurs, ou plutôt les folies de 1789, les troubles, les vicissitudes ou révolutions qui en ont été la conséquence, et surtout ce mouvement de bas en haut que les ambitions démocratiques sont parvenues à établir en leur faveur, et qu'elles entretiennent au nom de l'égalité, de la liberté, de la capacité, brouillant toutes nos idées conservatrices; tous ces souvenirs, ces antécédents, séductions ou intérêts particuliers, se joignant à la légèreté, aux vanités, aux inquiétudes et aux infirmités nationales, désagrégeant ou individualisant notre société, nos assemblées législatives n'étant point assez dominées par des principes communs et arrêtés, l'ordre ne pourra donc plus venir désormais que de cette royauté, sommet de la pyramide sociale, qui, bien examinée, est le seul pouvoir représentatif de tous, et qui, planant au-dessus des coteries particulières, travaillera donc sans relâche au triomphe de cette justice, de cette morale publique, noble patrimoine ou premier apanage des familles régnantes.

Si, comme on l'a tant de fois répété, une grande prospérité au dedans, une imposante prépondérance au dehors, devaient infailliblement naître du régime constitutionnel, c'est-à-dire, de la pondération ou de la limitation de la royauté (bien quelle soit, de tous les pouvoirs possibles, le seul réellement identifié avec l'intérêt général), pourquoi Napoléon, ce chef si actif, ce législateur si pratique, si zélé, si laborieux, qu'éclairaient tant d'expériences récentes, et qui, dans ses codes si admirés, n'a cherché, bien entendu, qu'à améliorer un état social devenu l'héritage de sa famille, en s'élevant au-dessus de toutes les considérations personnelles et autres, aurait-il refusé alors de donner à sa puissance les limites qui devaient la sauver ou la consolider? Pourquoi aurait-il repoussé des avantages qu'il était plus en état d'apprécier que personne?

Au reste, la réforme paisible et volontaire, proposée précédemment, où tout le monde restant à sa place relative, conserverait ou accroîtrait ses avantages et ses espérances personnelles, où toutes les habitudes et droits présents seraient maintenus avec leurs passions, agitations et abus de moins, n'est pas consentie par suite de défiances réciproques, d'un amour déréglé ou mal calculé du pouvoir, et faute d'un patriotisme suffisamment éclairé; dans ce cas, nous repousserions plus que personne l'intervention de la force, puisqu'alors ce serait recommencer cette série de violences et de bouleversements successifs, dont ensuite on ne peut plus prévoir la fin, où des partis, tantôt vainqueurs et tantôt vaincus, spoliateurs et spoliés, et toujours illégitimes, révolutionnaires, hypocrites et pervers, auraient sans cesse des vengeances et des représailles à exercer.

Terminons cet écrit par un dernier vœu, qui prend naturellement sa place après tout ce qui précède. On a parlé souvent du développement des intérêts matériels, de la nécessité d'améliorer le sort des masses, de venir au secours de l'indigence; mais ces projets et autres non moins louables, sont loin de pouvoir se réaliser avec de simples paroles ou discussions constitutionnelles. Chacun, il est vrai, peut jouir à profusion de l'air qui nous environne, ou se désaltérer librement dans nos rivières et fontaines; mais il n'est pas vrai, quoi qu'on fasse, que la société ou que son gouvernement puisse à discrétion pourvoir tout le monde des aliments, des vêtements et autres objets nécessaires à la vie.

Le sol, l'industrie ou la production en général, ne pouvant pas suffire complétement aux besoins de tout ce qui naît dans l'état actuel de notre civilisation, en d'autres termes, les individus se multipliant en plus grande proportion que les subsistances destinées à les nourrir, des privations, des souffrances particulières vont donc résulter de cette disette ou de ce déficit dans l'approvisionnement total de la communauté, lequel déficit va laisser insuffisante surtout la part de l'indigent ou de l'incapable, qui ne sera pas arrivé assez tôt à la distribution des biens disponibles, ou qui aura été le moins habile à se procurer ce qui lui était nécessaire.

Mais, si les gouvernements n'ont pas à leur disposition de quoi satisfaire les besoins physiques de chacun, ils peuvent heureusement entretenir et accroître plus ou moins ce trésor inépuisable de richesses ou consolations morales, que l'instruction, l'éducation, et surtout la religion, semblent tenir en réserve pour tous les rangs et pour toutes les classes de la société;

En inspirant, d'un côté, à tout ce qui souffre ici-bas la modération dans les désirs, la résignation, la soumission aux ordres de la providence, et surtout l'espoir d'une vie meilleure;

D'un autre côté, en recommandant aux riches et aux heureux du siècle la sagesse, la justice, la bonté et la charité, toujours au nom d'un Dieu, juge invisible et infaillible du bien et du mal, dispensateur de peines et de récompenses éternelles. Cette religion en effet ne tendra-t-elle pas alors à compléter les bienfaits malheureusement si imparfaits des politiques ou des législations humaines, en prodiguant aux malheureux des secours et des consolations que le monde matériel leur refusait, en compensant les privations physiques par les satisfactions morales ou spirituelles, en récompensant la vertu et les sacrifices éprouvés pour ses semblables, en réparant les maux inséparables de l'inégalité sociale et du droit de propriété, et surtout en réprimant plus ou moins cette multitude infinie d'actes et de sentiments coupables, que ne peuvent atteindre les lois, tels que les perfidies, trahisons, séductions, calomnies, jalousies, ingratitudes, vengeances, haines, égoïsmes, duretés, et mille autres penchants anti-sociaux, qui portent le trouble et la désolation dans les familles et dans les gouvernements, dans les relations privées et dans celles publiques ?

FIN.

# TABLE DES CHAPITRES.

**FIN DE LA TABLE.**

RIOM, IMP. DE E. LEBOYER.

www.ingramcontent.com/pod-product-compliance
Ingram Content Group UK Ltd.
Pitfield, Milton Keynes, MK11 3LW, UK
UKHW020602180726
13838UKWH00001B/377

9 782329 329031